Petra Hirscher

Mehr Selbstvertrauen gewinnen

Petra Hirscher

Mehr Selbstvertrauen gewinnen

GONDROM

Covergestaltung: Christine Retz
Illustrationen Umschlag: Susanne Schattmann, Nürnberg
Illustrationen Innenteil: Norbert Zlöbl, Nürnberg

023

ISBN 978-3-8112-3030-9

5 4 3 2 1

www.gondrom-verlag.de

Inhalt

Denk dran: Du bist wundervoll!

»Das Ziel des Lebens ist die Selbstentwicklung: Das eigene Wesen völlig zur Entfaltung zu bringen, ist unsere Bestimmung«, meinte Oscar Wilde. Und dazu braucht es Selbstvertrauen, Selbstbehauptung, Selbstachtung. Wir kommen mit unserem Selbst auf die Welt, und es begleitet uns durch unser ganzes Leben. Wenn wir es verlieren, sind auch wir verloren. Alles, was auf unserem Lebensweg geschieht, berührt unsere Persönlichkeit. Selbstvertrauen ist der Schlüssel für die Gegenwart und die Zukunft, für Zufriedenheit, Unabhängigkeit und Ausstrahlung. Selbstachtung durchzieht Körper, Geist und Seele und ist das Vertrauen auf die eigenen Ressourcen.

Sie selbst sind das Pfund, mit dem Sie wuchern müssen. Leben Sie aus eigener Kraft, haben Sie Mut, vertrauen Sie auf die eigenen Stärken und vertiefen Sie sie. Um alle Kräfte in sich zu entdecken, die Sie fürs Leben brauchen, finden Sie in diesem Buch jede Menge Ideen, Denkanstöße und praktische Anregungen. Denn Sie sollten nicht vergessen: Sie sind wundervoll.

Petra Hirscher

Wohlbefinden

»Jeder geliebte Mensch ist der Mittelpunkt eines Paradieses«, ist von Novalis überliefert. Wie wäre es, wenn Sie sich selbst zu diesem Mittelpunkt machen? Wenn Sie sich einfach so annehmen, wie Sie sind?

Die folgenden Seiten möchten Sie daher zum Nachdenken einladen, wie Sie ein positives Körpergefühl entwickeln können. Entdecken Sie, wie Sie die eigenen Bedürfnisse wahrnehmen und Ihren Schatz an Wohlfühlgeheimnissen um viele Inspirationen und Tipps bereichern.

Wohlfühlen im eigenen Körper

Blond oder brünett, dick oder dünn, groß oder klein? Was schön ist und wie ein schöner Mensch auszusehen hat, bestimmt in einem erheblichen Maße die Gesellschaft. Der Mainstream in Sachen Schönheit gibt uns die Ideale vor.

Ein hohes Sozialprestige ist garantiert. Wir leben somit unter der zwingenden Annahme, dass Schönheit, Selbstbewusstsein und Erfolg eng miteinander verknüpft seien.

Bin ich schön?

Sie kennen sicher dieses überall gleiche Bild in TV-Spots, in Zeitschriften, auf Laufstegen, Plakaten oder Kinoleinwänden: Was Frau ist, ist schlank – oder sogar dürr. Eben das, was man heutzutage unter dem Begriff »Standardschönheit« versteht. Man kann sich gegen die erdrückende Übermacht der vorgegebenen Schönheitsideale kaum mehr wehren. Schon immer haben sich die Menschen großen Anstrengungen und auch Schmerzen unterzogen, um einem Schönheitsideal zu entsprechen. Und heute? Mit dem um sich greifenden Machbarkeitswahn scheint alles

Heute ist schön zu sein ein Synonym für jung, sexy, schlank und erfolgreich.

möglich und eine neue Körperlichkeit kein Problem mehr zu sein. Immer mehr Menschen lassen ihren Körper systematisch »optimieren« und folgen den Spuren von Pionieren wie Michael Jackson oder Cher. Wie fühlen Sie sich, wenn Sie sich als künstlich machbar erleben? Sobald wir uns unter Menschen begeben und die Frage stellen »Was macht eigentlich eine attraktive Frauenfigur aus?«, ist die häufigste Antwort völlig klar: »Vor allem schlank sein.« Kein Wunder, dass die meisten Frauen sich als zu dick empfinden und mit ihrer eigenen Figur unzufrieden sind.

Doch so selbstverständlich uns dieses Ideal ist – historisch gesehen ist es ziemlich neu und ungewöhnlich. Berühmte Antibeispiele aus der Malerei sind etwa »Die drei Grazien« von Raffael oder die üppig barocke »Venus vor dem Spiegel« von Rubens. Über Jahrhunderte war es undenkbar, über die Schönheit zu reden und dabei ihren direkten Bezug zum Religiösen außer Acht zu lassen. Wie Weisheit und Glück war die Schönheit in Gott aufgehoben. Doch dieser Bezug begann sich zu lockern, als mit der Renaissance die Schönheit der Natur in den künstlerischen Blick geriet und sie aus kultisch-religiösen Gefügen befreit wurde. Mittlerweile wird der Begriff Schönheit in erster Linie mit äußeren Merkmalen gleichgesetzt.

Schönheitsideale

Was ist mit denjenigen, die nicht den aktuellen Idealen entsprechen? Wie viele Frauen haben tatsächlich einen strahlend faltenfreien Teint und tragen Kleidergröße 36? Frauen stehen heutzutage unter einem so großen Druck, einem gewissen sozialen und kulturellen Schönheitsideal zu entsprechen, dass er zu einem bejammernswerten Selbstbild führen kann. Wer bereits etwas unsicher in Sachen Körperbild ist, gerät nur zu leicht ins Wanken und glaubt rasch, außerstande zu sein, dem angesagten Standard zu entsprechen.

Die knochige, androgyne Frau ist das Schönheitsidol der Jahrtausendwende. Aber wer hat schon die idealen Maße oder den idealen Körper? Hier lohnt sich ein Blick aufs Detail, zum Beispiel auf die Oberweite, um zu erkennen: Das Zeitalter der Barbieschönheit ist noch nicht beendet. Wo die Frauen früherer Jahrhunderte oben herum eher jugendlich-mädchenhaft und an Po und Oberschenkeln üppig weiblich sein sollten, gilt heute ein großer Busen bei schmaler Hüfte als attraktiv. Die Ironie der Geschichte ist: Weder damals noch heute sind diese Schönheitsideale in natura erreichbar. Nur haben wir heute die Option, operative »Nachbesserungen« vornehmen zu lassen.

Würde Marilyn Monroe heute auf dem Laufsteg auftreten, würde sie vermutlich als zu dick empfunden werden.

Ein weiteres Detail sind lange, wohlgeformte Beine. Sehr naheliegend, denn schließlich werden Beine seit Langem durch Schuhe mit oft geradezu grotesk erhöhten Absätzen optisch verlängert. Den Traum von makellosen Beinen träumen nicht nur Stars und Sternchen. Fettabsaugen gehört zu den häufigsten kosmetischen Operationen, die Frauen heutzutage durchführen lassen. An den Oberschenkeln und neuerdings auch am Knie und an den Fesseln werden hartnäckige Fettpolster vom Chirurgen entfernt. In China lassen sich Frauen sogar ihre Unterschenkel zersägen und bis zu zehn Zentimeter strecken. Davon erhoffen sie sich gesteigerte Heirats- und Karrierechancen …

Unser unverwechselbares Selbst

Wer ist also schön? Eine Definition von Schönheit ist schwer, wenn nicht sogar unmöglich.

Heutzutage ist unser Leben oft vom Streben nach Erfolg geprägt und wir vergessen immer mehr über dem Wollen das Sein, das Bei-uns-Sein. Auf diese Weise verabschiedet sich jene Ausstrahlung, die aus einem gesunden Selbstbewusstsein und Körpergefühl entsteht. Lassen Sie uns wieder lernen zu sagen: »Ich bin bei mir und da bin ich gern.« Seien Sie entspannt und bemühen Sie sich nicht, etwas jenseits Ihrer selbst sein zu wollen, denn die tollste Ausstrahlung haben die Menschen, die innerlich frei sind. Wer mit sich und seiner Umwelt im Reinen ist, strahlt diese Zufriedenheit auch aus. Und Zufriedenheit und Ausstrahlung sind wesentliche Bestandteile der Schönheit.

Was schätzen enge Freunde an Ihnen? Ihren Humor? Ihre Stärke als Gastgeber? Ihre Art, jedem das Gefühl zu geben, er sei wichtig? Deshalb: Wuchern Sie stolz mit den Pfunden, die Sie haben. So wie Sie sich mit Ihrem Körper fühlen, präsentiert sich auch Ihre physische und emotionale Gesundheit. Menschen mit einem schwachen Körperbild versuchen über ungesunde Wege, Gewicht zu verlieren, drosseln ihre Nahrung drastisch, entwickeln Essstörungen und ein geringes Selbstwertgefühl. Und dabei gibt es doch diese kleinen Schräubchen, an denen man drehen kann, um sich wieder besser mit sich selbst zu fühlen:

Schönheit bedeutet für jeden von uns etwas anderes und liegt bekanntermaßen im Auge des Betrachters.

- Ersetzen Sie Ihre negativen Gedanken durch positive.
- Konzentrieren Sie sich auf die Dinge, die Sie an sich mögen.
- Umgeben Sie sich mit Menschen, die eine gute Einstellung gegenüber dem Essen, dem Gewicht und ihrem eigenen Körper haben.

- Essen Sie gesunde Lebensmittel, denn diese helfen Ihrem Körper, gesünder zu werden.
- Werden Sie aktiv. Menschen aller Konfektionsgrößen können aktiv sein. Mit Bewegung fühlen Sie sich besser in Ihrem Körper und gelangen zu mehr Energie.

Statt an unseren Schwächen herumzulaborieren, sollten wir anfangen, unsere Stärken zu optimieren. »Schön ist doch eigentlich alles, was man mit Liebe betrachtet«, so Christian Morgenstern, und das gilt auch für die Liebe zu sich selbst. Wahre Talente werden erst sichtbar, wenn wir uns auf unsere Persönlichkeit konzentrieren, denn physische Schönheit ist tatsächlich »Ansichtssache« und damit eine vordergründige Eigenschaft. So wie auch unsere Persönlichkeit, unser unverwechselbares Selbst, erst durch das Zusammenspiel unserer Schwächen, Ticks und körperlichen Eigenheiten entstehen kann.

Was uns auszeichnet, ist ein individueller Körper, der ruhig von der Norm abweichen darf.

Aus diesem Blickwinkel betrachtet, müsste es ein Leichtes sein, den eigenen Körper zu akzeptieren. Auch wenn man ihn selbst als mangelhaft empfindet, ist er doch auf seine eigene Art ganz wundervoll. Und diese Besonderheit sollten Sie kennen und lieben lernen.

Hautschmeichler

»Sich in seiner Haut nicht wohlfühlen« – »Jemandem unter die Haut gehen« – »Nicht in jemandes Haut stecken mögen«. In vielen Redewendungen sprechen wir von Haut und meinen das Gefühl. Unsere Haut ist nicht nur ein lebenswichtiges Schutzorgan, sondern auch eine Art direkte Leitung zu unserem Innersten, ein Spiegel unserer Seele. Sie verrät viele Gemütszustände, wie verlegenes Erröten, Blasswerden vor Zorn oder Angst, Schwitzen aus Unsicherheit nur zu sichtbar beweisen. Diese Verbindung von Haut und Seele funktioniert auch in die entgegengesetzte Richtung: Für viele Hauterkrankungen werden psychische Probleme mitverantwortlich gemacht. Trotz alledem nützt es nichts, dass Sie manchmal »aus der Haut fahren« möchten, weil Sie mit ihr unzufrieden sind. Frisch, straff, samtig weich und möglichst faltenfrei – wer wünscht sich nicht eine solch makellose und gesunde Haut? Vergessen Sie einfach, was Sie über perfekte Haut gehört haben.

Ein strahlender Teint ist weder exklusives Vorrecht von Menschen mit guten Genen, noch ist er in einem Töpfchen teurer Antifaltencreme versteckt.

In Wirklichkeit ist schöne Haut eine Ganzkörpererfahrung, die jeder erleben und sogar kultivieren kann. Sorgen Sie für sich und Ihre Haut, damit diese gesund und schön ist, denn gesundes Aussehen steigert Ihre Lebensqualität. Sie fühlen sich freier, unbeschwerter und meistern die Probleme des Alltages spürbar leichter. Der Weg zu schöner Haut beginnt im Inneren des Körpers: Die richtige Ernährung sowie geeignete Nahrungsergänzungen in Kombination mit kleinen Veränderungen im Lebenswandel kann die Haut in jedem Alter gesund erhalten.

Ihre Haut als Spiegel des Lebens

Wie sich die Haut im Laufe des Lebens verändert, sprich altert, hängt von zwei Faktoren ab: von den Genen und vom Lebensstil. Im Vergleich zur biologisch festgelegten, unausweichlichen Alterung spielt die äußere Alterung sogar eine wesentlich größere Rolle.

Wenn Sie Ihre Feinde kennen, können Sie dagegen angehen. Wer viel raucht und ständig gestresst ist, schadet seiner Haut erheblich. Dazu gehört auch, sich oft ungeschützt der Sonne auszusetzen. Ist die Haut erst einmal lichtgeschädigt, ist sie oberflächlich stärker gerunzelt, rau, gelblich und unregelmäßiger pigmentiert.

In welcher Haut stecken Sie mit zwanzig? Jetzt ist die Haut unkompliziert, auf der Höhe ihrer Vitalität, faltenfrei, hat genug eigene Fette (mit zunehmendem Alter dagegen verändert sich das Bindegewebe und elastisches Material wird abgebaut) und ist auch bei viel Sonnengenuss ebenmäßig gebräunt. Viele Frauen in den Zwanzigern haben eine Mischhaut oder ölige Haut, eventuell kleine Akneausbrüche als letzte Grüße aus der Pubertät. In dieser Blütezeit kann Ihre Haut Einflüsse, die zur Alterung beitragen, noch gut kompensieren und ist grundsätzlich pflegeleicht. Aber: Es können Schäden entstehen, die nur noch nicht sichtbar sind. Wer jetzt vorausdenkt und verstärkt essenzielle Fettsäuren wie Omega-3 aus Leinsamen, Walnüssen und Wildlachs zu sich nimmt, kann damit die Fettproduktion ausbalancieren und eine klare Haut begünstigen.

Sie haben den Zustand Ihrer Haut, Ihrer Wohlfühlhülle, Ihrer Attraktivität selbst in der Hand.

Und in welcher Haut stecken Sie mit dreißig? In diesem Alter zeigt die Haut allmählich, wie man sie im Laufe des Lebens behandelt hat. Das Haupt-Hautthema ist nun das Gewebe. Abgestorbene Hautzellen werden nicht so schnell abgestoßen wie in den Zwanzigern, weshalb Ihr Gesicht matt und etwas uneben aussehen kann. Es ist ebenfalls möglich, dass Sie bräunliche Flecken entdecken, die zum Beispiel durch Hormonschwankungen aufgrund der Einnahme der Antibabypille entstehen können. Stress bei der Arbeit oder in der

Familie können auch in den Dreißigern noch zu Akne führen, da Stress Hormone freisetzt, die solche Ausbrüche fördern. Auch in diesem Alter heißt die Devise »vorausdenken«. Die Haut mit dreißig Jahren weist erste Fältchen um die Augen auf, ist stellenweise trocken und das Bindegewebe verändert sich. Von großer Bedeutung ist ausreichend Schlaf – ob als Power Nap in der mittäglichen Tiefphase oder als ausreichende Nachtruhe von sieben bis acht Stunden. Ihre Haut heilt während des Schlafes. Zudem sollten Sie nun konsequent Sonnenschutzmittel auf Hals und Dekolleté auftragen, damit Sie mit vierzig nicht in die Situation kommen, Ihren sonnengegerbten Hals verstecken zu müssen. Schützen Sie deshalb diese Bereiche ebenso wie Ihr Gesicht. Um das Auftauchen von Falten zu verzögern, sollten Sie vermehrt Antioxidanzien wie Vitamin A, C und E zu sich nehmen. Auch Früchte und Gemüse (wie Beeren und dunkelblättrige grüne Gemüse), grüner Tee und in geringen Mengen Rotwein stärken die Widerstandskraft Ihrer Haut gegen Schadstoffe aus der Umwelt.

Rekordverdächtig

Nicht umsonst bezeichnet man die Haut als wichtigste zwei Quadratmeter unseres Lebens, denn so groß ist im Durchschnitt die Haut eines Erwachsenen. Obwohl sie bei der Größe und etwa zehn bis zwölf Kilogramm Gewicht das größte und schwerste Organ unseres Körpers ist, ist sie, nur wenige Millimeter dick, auch eines der zartesten. Wie ein Hochleistungsbetrieb ist sie Klimaanlage, Schutzschild, Sinnesorgan und ein unermüdlicher Produzent neuer Zellen in einem. Was würde unsere Haut erzählen, könnte sie sprechen? »Ich kann meine Aufgaben sehr gut bewältigen, also traktiere mich nicht mit so vielen unnötigen Dingen.«

So tickt Ihre Haut

Ebenso wie Blutdruck, Pulsfrequenz, Körpertemperatur und Hormonausschüttung unterliegt auch die Haut einer Art inneren Uhr. Wenn Sie sich bei der Pflege am Rhythmus Ihrer Haut orientieren, unterstützen Sie ganz nebenbei Ihre Schönheit. Welche Zeiten hat nun unsere Haut? Weshalb stecken Sie morgens nicht in derselben Hülle wie nachts? Vorwiegend in der zweiten Nachthälfte produziert die Nebennierenrinde relativ viel Stresshormon Cortisol, das unserem Körper morgens zwischen 7 und 8 Uhr maximal zur Verfügung steht. Es macht die Haut unempfindlicher für äußere Reize. Jetzt können Sie Ihrer Haut auch mal eine Bürstenmassage zumuten oder aber bei Wind und Wetter spazieren gehen. Zwischen 12 und 16 Uhr sind die feinen Blutgefäße am wenigsten durchblutet. Mittags regeneriert sich der Hautmantel besonders langsam und die Fettproduktion erreicht ihren Tagesspitzenwert. Speziell die Stirn beginnt zu glänzen. Jetzt wäre eine Reinigungspflege besonders sinnvoll. Zwischen 15 und 17 Uhr ist das Schmerzempfinden am geringsten, jetzt sind Prozeduren à la Augenbrauenzupfen oder Haarentfernung weniger unangenehm. Abends ist die Durchblutung optimal und die Haut besonders aufnahmebereit für alle pflegenden Produkte. Fazit: Schöne Haut ist also in erster Linie gesund und strahlend. Sie muss deswegen aber nicht zwangsläufig unbedingt faltenfrei sein.

Wichtig ist, dass der eigene Schönheitsbegriff zum Lebensalter passt.

Es geht vor allem darum, sich in seiner Haut glücklich und gesund zu fühlen. Eine positive Einstellung, gesunde Lebensweise, ausgewogene Ernährung und konsequente Pflege unterstützen das gute Aussehen der Haut und tragen so zu Ihrem Selbstwertgefühl bei.

Frauensachen

Was ist Selbstachtung? Hinter diesem Begriff kann sich vieles verbergen: auf sich selbst zu achten, sowohl körperlich als auch seelisch, den eigenen Kräften zu vertrauen oder besondere Fähigkeiten zu entdecken. Erst mit Vertrauen erkennen wir, wie wir auf uns selbst achtgeben und für uns selbst sorgen können. Zufriedenheit und Optimismus, ein gesunder Lebensstil, gute Ernährung und Seelenfrieden spiegeln sich immer in Ihrer Erscheinung wider, denn Schönheit und Wohlbefinden gehen Hand in Hand und hängen davon ab, wie Sie Ihren Körper behandeln. Achten Sie darauf, was mit Ihrem Gemüt und Ihrem Körper geschieht, und haben Sie keine Angst davor, bei Bedarf rechtzeitig mit Freunden oder Medizinprofis

zu sprechen, wenn es einmal Probleme gibt. Sie selbst legen den Grundstein für ein gutes Aussehen und psychische Kraft bis ins hohe Alter, wobei alle kosmetische Pflege wenig nützt, wenn Sie sich körperlich nicht wohlfühlen. Wer sich von früh bis spät abhetzt, ohne seinem Körper und Geist Ruhepausen zu gönnen, der darf sich nicht wundern, wenn die Spannkraft frühzeitig nachlässt. Und so steht am Anfang aller Schönheitspflege die Gesundheitspflege.

Burn-out

Aktiv, dynamisch, zupackend, ideenreich, engagiert: Erkennen Sie sich in dieser Beschreibung wieder? Dann heißt es aufpassen, denn unmerklich kann daraus ein guter Nährboden für die Entstehung eines Burn-out-Syndroms (Ausgebranntsein) werden. Bei zu viel Arbeit und zu wenig Erholung sind Stress und Erschöpfung für viele Menschen zu einem Normalzustand geworden.

Später erlebt man einen Leistungsabfall, ist frustriert und aggressiv bis hin zum völligen sozialen Rückzug oder Depressionen. In diesem Zustand verlieren die Betroffenen die Fähigkeit, sich körperlich und seelisch von den Belastungen ihres Alltags zu erholen. Speziell Frauen sind oftmals großen Mehrfachbelastungen, wie Beruf, Kindererziehung oder Haushalt, ausgesetzt.

Der Burn-out schleicht sich ein mit ersten Anzeichen wie Müdigkeit, Energiemangel und fehlender Freude an der Arbeit.

Erschwerend hinzu kommt der weibliche Perfektionismus mit hohen Erwartungen an die eigene Leistung und großer Angst vor Fehlern sowie der häufige Mangel an Bestätigung und Anerkennung für Ideen, Projekte oder Leistungen. Um dieser Falle zu entgehen, lenken Sie Ihre Energie und Ihren Einsatz in allen Lebensbereichen auf Ihr persönliches Tempo, und prüfen Sie, was Sie loslassen und delegieren können. Das tolle Gefühl, besser und belastbarer als die anderen zu sein, geht sonst auf Dauer auf Ihre Kosten. Setzen Sie deshalb Ihre Gesundheit und Ihr körperliches Wohlbefinden auf Ihrer Prioritätsliste weiter nach oben.

An schwierigen Tagen

Nicht nachvollziehbare Gemütsschwankungen, nah am Wasser gebaut, riesengroßer Schokoladenheißhunger: Nicht richtig krank, aber auch alles andere als fit, fühlen sich Monat für Monat viele Frauen an den Tagen vor der Periode und sind zum Beispiel müde und reizbar. Die genauen Ursachen des PMS (prämenstruelles Syndrom) sind bis heute nicht eindeutig geklärt. Allerdings spielen offensichtlich Ungleichgewichte im hormonellen Regelkreis eine Rolle bei der Entstehung der Beschwerden. Was lässt sich dagegen tun? Eine leichte, fettreduzierte, vitamin- und kalziumreiche Ernährung, und schon werden Symptome wie Stimmungsschwankungen, Heißhunger, Müdigkeit, Kopfschmerzen oder Gewichtszunahme abgeschwächt. Und schließlich hilft an den Tagen vor den Tagen und während der Periode Entspannung jeder Art. Belasten Sie sich deshalb gerade in dieser Zeit nicht noch mit einer Extraportion Stress, sondern versuchen Sie, Ihre persönliche kleine »Auszeit« zu nehmen. Atmen Sie bewusst, und versuchen Sie, täglich eine halbe Stunde Walking zu machen. Verzichten Sie auf koffeinhaltige Getränke wie Kaffee, schwarzen Tee und Cola und halten Sie sich äußerlich und innerlich warm.

Treten Sie etwas kürzer. Gönnen Sie sich Ihre Pause und ziehen Sie sich zurück.

Für Stöckelschuh-Fans

Lieben Sie Schuhe? High Heels? Und können Sie gar nicht genug von ihnen bekommen? Ob optisch verlängerte Beine, betonte Waden oder ein Po, der besonders gut geformt erscheint – die hohen Absätze von Stiletto und Co. stehen für Weiblichkeit und Erotik und lassen Frauen sich anmutig und begehrenswert fühlen. Die Frauenzeitschrift *Elle* antwortet in ihrer Online-Ausgabe auf die Frage, welche Absatzhöhe die bequemste und sicherste sei: »Jede bis zu fünf Zentimetern. Ab dann verlagert sich das Gewicht immer stärker auf die Ballen – das erfordert Übung.« Doch je höher und dünner der Absatz, desto schwieriger ist es, die Balance zu halten. Wer es kann, ist die Eleganz in Person. Doch ständig mit hohen Absätzen herumzulaufen, ist nicht zu empfehlen, denn Muskeln, Sehnen und Gelenke werden durch den Balanceakt auf eine harte Probe gestellt. Für Experten wird es ab vier Zentimetern Absatzhöhe problematisch: Da lauern Druckstellen, deformierte Fußballen, Rückenschmerzen, Arthrose in den Knien, Venenleiden oder Wassereinlagerungen in den Beinen. Um diesen Problemen zu entgehen, sollten Sie zwischen hohen und flachen Absätzen wechseln. Legen Sie hin und wieder die Beine hoch und laufen Sie so oft wie möglich barfuß. Das bessert die Fließ-

eigenschaften des Blutes und festigt die Muskeln. Schmerzen die Beine nach einer durchtanzten Nacht in Stilettos, gibt es ja noch Riemensandalen, Ballerinas oder Pumps. Halten Sie es einfach mit Coco Chanel, die es folgendermaßen ausdrückte: »Eine Frau mit guten Schuhen ist niemals hässlich.« Also: Fühlen Sie sich schön – ob in Sandalen oder High Heels. Dann kommt das nötige Selbstvertrauen ganz von allein.

Traumfiguren

»Ich bin zu dick.« Kommt Ihnen dieser Satz auch häufig in den Sinn, wenn Sie der Mut verlässt? Wenn Sie lieber untertauchen würden,

als Aufsehen zu erregen? Wie gerne möchte man dann einer dieser glücklichen Menschen sein, die scheinbar nie zunehmen, egal, was sie essen, und keine Problemzonen kennen. So schmelzen zahllose Diäten, konsequentes Fasten und regelmäßiger Sport zwar die Kilos, bringen uns der gefühlten Traumfigur aber nicht unbedingt näher.

Was sind denn eigentlich Traumfiguren? »Schritt für Schritt zur Traumfigur« – »Mit Genuss zur Traumfigur« – »Traumfigur für einen Tag« – »Schnell und effektiv zur Traumfigur«, wer bei Google nachsieht, kann aus rund 450 000 Treffern auswählen, doch eine Definition zu finden, gelingt nicht. Ist es nicht so, dass es die Traumfigur nur in unseren Träumen gibt? Dass sogar die allseits präsenten Supermodels etwas an sich zum Herummäkeln finden? Hässliche Knie, kurze Finger und dergleichen mehr? Die Attraktivitätsforschung hat Konjunktur und beschäftigt sich unter anderem mit dem idealen Verhältnis von der Taille zur Hüfte, um zum Beispiel herauszufinden, dass Schönheitsikonen à la Marilyn Monroe, Sophia Loren, Twiggy oder Kate Moss bei aller Unterschiedlichkeit eine fast identische Taille-Hüfte-Relation hatten. Die älteste »Traumfrau« der Menschheit dürfte die nach ihrem Fundort benannte und zwischen 30 000 und 25 000 Jahre alte Venus von Willendorf sein. Eine gerade mal 11,5 Zentimeter hohe Skulptur mit üppigen, hängenden Brüsten, dicken Beinen, rundem Bauch und großem Po – ein wahrhaft göttliches Ideal.

Vollweib und andere Größen

Frauen stehen heute in einer Tradition, die zwischen 1900 und 1920 ihren Ursprung hatte: Damals erschienen die ersten medizinischen Gewichtstabellen, die Konfektionsgrößen in der Kleidung wurden eingeführt, erste »Schönheitsexpertinnen« gaben kosmetische Tipps, und parallel dazu reifte die Diätindustrie heran, die unser Essverhalten heutzutage stark beeinflusst.

Fühlen wir uns zu dick, greifen wir zu Entwässerungs- und Abführmitteln, schlucken Appetitzügler oder machen einseitige Radikaldiäten. Ist es nicht bezeichnend, dass eine Frau wie Christine Neubauer, üppig und natürlich, eine der wenigen deutschen Schauspielerinnen mit normalen Körpermaßen, als »Vollweib« tituliert wird?

Nur weil Sie Ihren Body-Mass-Index kennen, ist das kein Grund, sich zu hassen. Dieser sogenannte BMI ist eine aufrichtige Möglichkeit, gegen verzerrte Selbstwahrnehmungen anzugehen, obwohl auch er persönliche Besonderheiten nicht berücksichtigen kann. Ihren BMI-Wert ermitteln Sie, indem Sie Körpergewicht geteilt durch Körpergröße zum Quadrat rechnen. Und Sie werden schnell erkennen, ob Sie Ihr normales, sprich gesundes, Gewicht bisher fälschlicherweise als übergewichtig eingeschätzt haben. Aus medizinischer Sicht wird bei einem BMI ab 25 empfohlen, den Lebensstil zu ändern und abzunehmen, ab 30 heißt es: ernsthaft abspecken.

Seien Sie nicht so streng mit sich selbst. Viele Menschen sind attraktiver, als sie selbst von sich denken.

Sechs Wege

Weshalb verschlingen wir Modezeitschriften? Weshalb messen wir unsere Taille? Weshalb wollen wir unseren Körper durch Piercing und plastische Chirurgie verändern oder werfen den Objekten unseres Begehrens sehnsuchtsvolle Blicke zu? Weil Männer schöne Frauen suchen, und Frauen reiche Männer? Bevor Sie in Richtung Diät spurten, sollten Sie sich ganz ehrlich einige Fragen beantworten. Weshalb wollen Sie abnehmen? Wichtig ist doch, dass jeder Mensch auf sich selbst und seinen eigenen Körper hört und die individuellen Bedürfnisse wahrnimmt.

Sind also tatsächlich Sie unzufrieden mit Ihrem Körper, oder ist es Ihr Partner, Ihre Partnerin oder Ihre Familie, die an Ihnen herummäkelt?

Nehmen Sie sich genug Zeit und Ruhe zum Essen und zur Zubereitung der Nahrung? Können Sie Ihre Mahlzeiten genießen? Essen Sie, wenn Sie Hunger haben oder zu bestimmten Uhrzeiten, weil es dann eben Zeit für Frühstück, Mittag- oder Abendessen ist? Essen Sie aus Langeweile, Frust, Enttäuschung und Kummer?

Viele Menschen wenden sich dem Essen zu, wenn sie völlig gestresst oder abgespannt sind, um sich selbst zu beruhigen. Aber was einen im ersten Moment besänftigt, kann später dazu beitragen, sich schlechter zu fühlen – und noch dazu am Ende mehr zu wiegen. Sollten Sie auch dazu neigen, stressige Situationen mit Essen zu bewältigen, könnten Sie einmal diese sechs Tipps gegen das »Trostessen« ausprobieren:

1. Verzichten Sie auf Koffein, Alkohol oder Tabak, wenn Sie gestresst sind. Diese Stimulanzien können Ihr Unbehagen steigern bzw. verlängern.
2. Trinken Sie viel Wasser, etwa sechs bis acht Gläser am Tag. Damit unterdrücken Sie das hungrige Knurren Ihres Magens und fördern eine gesunde Verdauung.
3. Halten Sie Ihre Blutzuckerwerte stabil, indem Sie mehrere kleine Mahlzeiten zu sich nehmen anstelle von drei großen.
4. Achten Sie darauf, dass Ihre Mahlzeiten und Pausensnacks Omega-3-Fettsäuren enthalten, wie in Walnüssen, Lachs oder geschrotetem Leinsamen.
5. Integrieren Sie Lebensmittel, die reich an Magnesium sind, in Ihren Speiseplan, wie Vollkorn, Hülsenfrüchte, Gemüse und Nüsse. Sie helfen, Ihre Muskeln zu entspannen.
6. Vor allem sollten Sie auf Ihre Essgewohnheiten achten. Wenn Sie sich beim Essen ertappen, um Stress zu bekämpfen, dann belassen Sie es bei kleinen Portionen, die Ihnen gestatten, Geschmack

oder Beschaffenheit zu genießen. Machen Sie einen Spaziergang oder meditieren Sie ein wenig: beides die gesünderen Alternativen, um mit Stress umzugehen.

Oft sind es Bequemlichkeitsausreden, die uns daran hindern, Probleme mit dem Gewicht anzupacken. Und leider gibt es aller Schlankheitswundermittelchen zum Trotz nur die steinige Methode, ein paar Pfunde zu verlieren: sporteln und auf die Ernährung achten. Wer also erst einmal entlarvt, was wirklich hinter seinen kleinen Frust-Essereien steckt, kann seine Glücksmomente vervielfachen und damit sein Selbstbewusstsein beträchtlich steigern. Gestehen Sie sich doch deshalb einfach zu: »Ich bin eine normale Frau, mit normalen Macken und passablem Gewicht.«

Die neue Ess-Klasse

Vorgestern der Hamburger, gestern die Cremetorte und heute ein schlechtes Gewissen, weil Sie sich nicht gesund ernähren? Wir alle wollen so gut aussehen wie nur möglich, aber ein gesunder Körper steht nicht immer im direkten Zusammenhang mit unserem Aussehen.

Wohlbefinden

Ein gesunder Lebensstil verbunden mit der richtigen Ernährung sind die Schlüsselfaktoren, wenn es um ein verbessertes Körperbild geht. »Der Mensch ist, was er isst«, sagen die einen. »Der Mensch lebt nicht vom Brot allein«, sagen die anderen. Nahrung beeinflusst unsere Gesundheit und unser Wohlbefinden; bereits Hippokrates, der berühmteste Arzt der Antike, stellte fest: »Eure Nahrungsmittel sollen eure Heilmittel und eure Heilmittel eure Nahrungsmittel sein.« Eine gesunde Ernährung kann wesentlich zu gesunder Haut, schönem Haar und starken Knochen beitragen, ebenso wie regelmäßige Bewegung Ihr Selbstwertgefühl heben und Ihren Energiepegel steigern kann. Zudem sind ausreichende Ruhepausen ein wesentlicher Faktor für Ihr Stressmanagement. Kann denn essen Sünde sein? Ja, es kann sogar krank machen, wenn Sie nicht auf eine gesunde Kost setzen. Was sollten Sie also alles beim Zusammenstellen Ihres Speiseplans beachten? Welche Lebensmittel können Sie bedenkenlos auftischen? Von welchen sollten Sie lieber die Finger lassen, auch wenn Ihnen schon beim Anblick das Wasser im Mund zusammenläuft? Pflanzliche Lebensmittel, wie Vollwertbrot, Reis, Nudeln und Kartoffeln sowie viel Obst und Gemüse, spielen im Rahmen einer ausgewogenen

Ganz ehrlich: Gesunde Körper gibt es in allen Größen und Formen.

Ernährung die Hauptrolle und werden von Milch und Milchprodukten begleitet. Von tierischen Lebensmitteln wie Fleisch, Fisch und Eiern reichen kleine Mengen. Süßigkeiten und fette Speisen sind bestenfalls Statisten, auch wenn sie bei einer gesunden Ernährung nicht völlig »verboten« sind. Es kommt nur auf die Menge an. Sie müssen ja nicht gleich eine ganze Tafel Schokolade verspeisen.

Hören Sie auf Ihren Körper

Essen Sie, was Sie wollen, aber nur, wenn Sie wirklich hungrig sind. Hören Sie auf, wenn Sie satt sind. Und essen Sie genau das, was Sie »anlacht«. Verfahren Sie so, anstatt irgendeiner Wunderdiät nachzujagen, und Sie werden keine Gewichtsprobleme mehr haben, geschweige denn Essstörungen. Immer nur Kalorien und Fett zu zählen, um das Gewicht zu kontrollieren, kann ganz schön schwierig und ermüdend werden. Wann hatten Sie denn das letzte Mal wirklich Spaß bei einer Diät? War es nicht eher eine unangenehme Erfahrung? Schließlich ist es nicht schön, mittags hungrig zu werden, nur um sich zu noch einer weiteren Stunde Wartezeit zu zwingen. Erinnern Sie sich daran, wie gereizt Sie waren? Und lockten nicht zuletzt all jene verbotenen Köstlichkeiten nur umso stärker? Ein Grund, weshalb Diäten so oft

scheitern (und keinen Spaß machen) ist, dass Ihr Körper Nahrung als Energie braucht, wie ein Auto Benzin zum Fahren benötigt. Und Ihr Körper weiß ganz genau, was er braucht, um am Laufen zu bleiben: Vitamine und nährstoffreiches Essen aus einer bunten Vielzahl von Speisegruppen.

Als Erstes müssen Sie lernen zu erkennen, wann Sie hungrig werden. Wenn Sie wirklich Hunger haben – und nicht nur Langeweile, Stress oder Einsamkeit mit Essen beheben wollen –, dann ist es Zeit, um »aufzutanken«. Als Zweites müssen Sie lernen zu wissen, wann Ihr Körper genug hat. Ihr Ziel ist, sich angenehm satt zu fühlen, nicht zum Bersten vollgestopft oder noch am Hungertuche nagend. Das kann bedeuten, dass Sie eben fünf bis sechs kleine Mahlzeiten zu sich nehmen statt drei große. Und vergessen Sie nicht, dass Ihr Körper etwa zwanzig Minuten braucht, um zu erkennen, dass er satt ist. Seien Sie also beim Essen achtsam, und bedenken Sie, was Sie essen und wie Sie dies tun. Empfehlenswert ist das Essen im Sitzen. Kauen Sie langsam, um den Geschmack, den Duft und die Anrichtung der Speisen genießen zu können.

Es ist wichtig, dass Sie auf Ihren Körper hören und auf seinen natürlichen Hunger reagieren.

Der dritte Schlüssel, um die Sprache Ihres Körpers richtig zu verstehen, ist Mäßigung. Natürlich ein beliebter Rat, der dahingehend falsch interpretiert wird, dass immer alles erlaubt ist, wonach es einem gelüstet. Wir können nicht von Chips oder Schokolade allein leben. Sie werden daher eine Stimme hören, die nach Pasta oder frischem Obst verlangt. Das ist Ihr Körper, der dabei ist, sich zu holen, was Sie brauchen. Hier zehn Tipps für jeden Tag:

1. Essen Sie vielseitig, aber nicht zu viel.
2. Essen Sie weniger Fett und fettreiche Lebensmittel.
3. Nehmen Sie die Speisen würzig, aber nicht zu salzig zu sich.
4. Schränken Sie Ihren Süßigkeitskonsum ein.
5. Essen Sie mehr Vollkornprodukte.
6. Nehmen Sie reichlich Gemüse, Kartoffeln und Obst zu sich, nach der Devise »Fünf am Tag«.
7. Reduzieren Sie den Anteil an tierischem Eiweiß in Ihrer Nahrung.
8. Trinken Sie ausreichend Flüssigkeit (Mindestmenge pro Tag 1,5 Liter).
9. Bereiten Sie Ihre Speisen schmackhaft und schonend zu.
10. Bewegen Sie sich regelmäßig.

Fertigkeiten fürs Leben

Hier entdecken Sie Wege, um den Stress hinter sich zu lassen und Ihren gesunden Optimismus zu pflegen. Erfahren Sie, wie Sie Negatives zu Ihrem Nutzen ummünzen können und weshalb Sie mit sich selbst in freundlicher und warmherziger Weise kommunizieren sollten. Wer sich selbst entdecken will, muss aufhören, sich durch andere zu definieren. Lassen Sie sich auf Neues ein, und genießen Sie es, sich Ziele zu setzen und darauf hinzuarbeiten.

Acht Wege, dem Stress zu entgehen

Wie gut Sie mit Druck zurechtkommen, hängt auch stark von den Verarbeitungsmechanismen ab, die Sie erlernt haben. Dazu gehört die Fähigkeit, auch mal »Fünfe gerade sein zu lassen« und mit Rückschlägen oder Enttäuschungen umgehen zu können.

Das Recht auf Schwäche, auf ein Privatleben und Erholung steht einem perfektionierten, voll funktionsfähigen, allround-begabten Manager gegenüber, von dem wir alle wissen, dass es dieses Idealbild eigentlich überhaupt nicht geben kann.

Wer sich immer wieder kleine Erholungsinseln schafft und sich Zeiten zum Abschalten reserviert, kommt mit Belastungen besser zurecht.

Weg eins: Neue Prioritäten

Machen Sie Vergnügen und Zufriedenheit zu Ihren Prioritäten. Träume, Sehnsüchte oder Spaß zu haben, wird oft missbilligend als ausschweifend und leichtsinnig gerügt, als etwas, wofür aktive, vernünftige Erwachsene keine Zeit hätten. Natürlich sollten Sie nicht herumlaufen und »Freude schöner Götterfunken« trällern, während das Haus abbrennt oder nachdem Sie gerade die Katze überfahren haben. Aber Vergnügen und Zufriedenheit zu erleben und auszudrücken, wenn dies angebracht ist, ist eine fundamentale Notwendigkeit für ein ausgeglichenes und glückliches Leben. Vergnügen kann bedeuten, sich Zeit freizuschaufeln, um einmal nichts zu tun, um Freunde zu sehen, Zeit mit Nachdenken zu verbringen oder darüber zu sprechen, wie gefühlsmäßige Probleme zu lösen wären. Im großen Lebensplan sind diese Gedanken viel wichtiger als die tägliche Plackerei, die Sie nur stresst, zum Beispiel die Fahrt zur Arbeit oder der Geldautomat, der Ihre Kundenkarte auf Nimmerwiedersehen verschluckt. Wenn Sie es schaffen, eine wöchentliche »Ich-Zeit«, einen Abend oder nur eine Stunde herauszuschlagen, kann das Ihre Stresslast deutlich erleichtern.

Weg zwei: Bereit sein

Seien Sie bereit und haben Sie einen Plan B. Sieht Ihr Leben so aus, dass Sie von einem Notfall zum nächsten hechten und immer zu spät dran sind? Dann sollten Sie erst einmal einen Schritt zurück tun, Abstand gewinnen und mit dem Planen beginnen. Für das Leben bereit sein, heißt, es deutlich zu erleichtern. Mit schnellen Entscheidungen und raschem Handeln reduzieren Sie Ihre Ängstlichkeit. Nach jedem Tag bzw. nach jeder Woche sollten Sie einen Aktionsplan aufstellen und darin bewerten, was Sie benötigen und wie realisierbar dies ist. Damit vermeiden Sie eine Überfrachtung Ihrer Zeit und erkennen mögliche Fallstricke rechtzeitig. Alternativpläne verwandeln potenzielles Stresschaos in Erfolg, denn sie eröffnen häufig völlig neue Möglichkeiten.

Weg drei: Vernünftige Erwartungen

Hören Sie auf, sich anzutreiben. Vor allem Frauen haben heutzutage eine Vielzahl an Möglichkeiten und setzen oft zu hohe Erwartungen in sich, während noch ihre Müttergeneration sich auf bescheidenere Berufschancen oder Heirat beschränken musste. Jetzt stehen Ihnen unter Umständen ausgezeichnete Karrieren, große Familien oder Reisen in die ganze Welt bevor, Sie können Professorin werden oder Zirkuskunststücke aufführen …

Wenn Sie eine Schlappe erleben, lernen Sie daraus und ziehen Sie weiter.

Selbstverständlich brauchen Sie Vorbilder und Träume, doch Erwartungen und Ansprüche, die Ihre Fähigkeiten übersteigen, die Limitierungen durch Ihre Familie und Ihre Finanzen werden über kurz oder lang jeden Tag in eine stressige Enttäuschung verwandeln. Messen Sie Ihren Erfolg daran, wie gut Sie unter normalen Umständen sind, und erkennen Sie an, wie viel Sie bereits erreicht haben. Jeder erfolgreiche Mensch wird Ihnen sagen, dass Fehlschläge eine große Rolle für den Erfolg spielen, weil man aus ihnen lernen kann.

Weg vier: Realitätssinn

Tatsache ist: Das Leben verläuft nicht reibungslos. Aber wenn Sie es sich reibungslos vorstellen, dann bereiten Sie sich Stress. Probleme zu ignorieren, verschlimmert sie nur. Nicht jedes Ärgernis lässt sich beseitigen, doch seine negative Wirkung kann durch Akzeptanz verringert werden. Ja, das ist ein harter Weg, aber wenn Sie erst aus dem »Trallala-ich-höre-nicht-zu-Modus« herauskommen, können Sie eigeninitiativ zur Verbesserung beitragen. Scheint ein großer Schritt unmöglich, dann können kleine, überschaubare Schritte eine stressige Situation entspannen oder sogar lösen. Befassen Sie sich daher erst einmal mit einem Teil des Problems oder isolieren Sie es, damit nicht auch andere Bereiche Ihres Lebens davon beeinträchtigt werden – dass Sie zum Beispiel Ihre Arbeit nicht mögen, muss nicht zwangsläufig für schlechte Stimmung zu Hause sorgen. Wenn Sie den Stress nicht ändern können, ändern Sie Ihre Einstellung, damit er weniger bedeutsam wird. Kleine Schritte brechen große Angelegenheit auf und geben Ihnen das Selbstvertrauen, um damit klarzukommen.

Weg fünf: Zeit für Tagträume

Wissen Sie, was Sie glücklich macht? Leben Sie Ihre Fantasie im Kopf aus, damit sie auch tatsächlich passieren kann. Gehen Sie irgendwohin, wo es ruhig ist, entspannen Sie sich, schließen Sie Ihre Augen und stellen Sie sich vor, Sie würden in einer fantastischen Welt erwachen. Durchleben Sie einen ganzen Tag des Schwelgens – wo sind Sie, wie sieht es aus, was tun Sie, und mit wem? Obwohl alles nur eine Erfindung ist, werden Sie bald erkennen, dass einige Dinge erreichbar sind oder vielleicht sogar bereits existieren, aber leider bisher vernachlässigt wurden. Praktizieren Sie Ihre kleinen geistigen Fluchten regelmäßig. Sobald neue Stress-Situationen entstehen, wird dieses Bild Ihrer erträumten Welt auftauchen und Sie beruhigen.

Weg sechs: Stress-Abgrenzung

Negative Menschen können zusätzlichen Stress verursachen. Leider kann man sich nicht immer von ihnen fernhalten, da sie oft entweder Arbeitskollegen oder Teil der Verwandtschaft sind. Der Umgang mit Menschen kann durchaus aufzehrend sein. Themen wie die Gesundheit der Mutter des besten Freundes, das geringe Gehalt des Gatten der Nachbarin oder persönliche Probleme der guten Kollegin können schnell zu eigenen Stress-Auslösern werden. Zu wissen, dass sich Leute kümmern und dass Probleme gelöst werden, selbst wenn dies nicht Ihre sind, kann beruhigend sein – aber nicht um den Preis, dass Sie deswegen keine private Ich-Zeit mehr haben. Verlangt man etwas von Ihnen, sagen Sie nicht gleich Nein. Der andere kann Ihre Ablehnung als Zurückweisung empfinden, und schon haben Sie neuen Stess am Hals. Sagen Sie stattdessen, Sie würden gerne helfen, und schlagen Sie eine Zeit dazu vor, die Ihnen passt. Gibt es einen Konflikt, kann eine positive Aussage die Situation entschärfen, zum Beispiel: »Sie sind brillant auf diesem Gebiet, weshalb glauben Sie, hat es diesmal nicht funktioniert?«

Stress-Abgrenzung bedeutet nicht Emotionslosigkeit. Lernen Sie, sich von dem Stress, der Sie nicht direkt betrifft, frei zu machen.

Und sollten Sie selbst wirklich allzu überlastet sein, um anderen noch unter die Arme greifen zu können, sagen Sie dies deutlich (siehe Kapitel »Einfach Nein sagen«, S 98 ff.): Ein klares Nein ist in diesem Fall besser als nur halbherzige Hilfe.

Weg sieben: Achtsamkeit

Seien Sie achtsam. Hören Sie auf Ihren Körper, der stets versucht, Ihnen etwas zu sagen. Sind die Symptome negativ, fragen Sie warum. Sind Sie erschöpft, so könnte es sein, dass Sie zu wenig getrunken haben, seit dem Frühstück nichts mehr gegessen haben oder den ganzen Morgen zu beschäftigt waren. Beheben Sie die Ursachen zeitig – ein Glas Wasser trinken, einen gesunden Snack essen oder eine Pause machen, dazu braucht es nicht viel.

Nach einem stressigen Tag bauen Sie Zeit zum Relaxen ein. Schaffen Sie sich eine gemütliche Ecke zu Hause, haben Sie bei der Arbeit gesunde Zwischenmahlzeiten zur Hand oder im Auto eine entspannende CD. Werden Sie aktiv. Aktivität ist unabdingbar für die Gesundheit, aber sie funktioniert nicht, wenn sie nicht begeistert. Lassen Sie daher das Fitnessstudio sein, wenn es nicht Ihr Ding ist, und finden Sie eine Aktivität, die Ihnen wirklich Spaß macht, zum Beispiel Walking, Pilates oder Tanzen. Machen Sie sie zu einem anregenden Teil Ihres Lebens.

Lassen Sie sich von negativen Ereignissen nicht überraschen, befassen Sie sich mit ihnen.

Weg acht: Balance halten

Stress entsteht, wenn man zu viele Dinge über einen zu langen Zeitraum hinweg macht. Alles, was Sie tun, kann Ihnen ohne Abwechslung irgendwann möglicherweise schaden. Das Bedürfnis nach Ausgleich erklärt den Auspruch: »Ich kann weder damit, noch ohne leben«, und damit unsere Hassliebe zum Stress. Zu viel davon wird Sie ausbrennen. Machen Sie Mikropausen. Sie fühlen sich angeregt vom Stressreiz, wenn Sie den Druck kurz und prickelnd halten – daher sollten Sie einfach kleine Entspannungspausen in Ihren Tag einbauen. Mit Tiefenatmung kann Ihr Körper zudem hervorragend vom Stress entspannen. Bereits fünf tiefe Atemzüge helfen, Ihren Stresslevel zu reduzieren.

Wenn Sie mit Ihrem Stress zurechtkommen wollen, muss dieser überschaubar bleiben.

Positiv sein

Selbstsicher durch die Welt zu schreiten und die eigene Persönlichkeit zu entfalten, das macht unser Leben kostbar und einzigartig. Ein gesunder Optimismus gibt Ihnen die Möglichkeit, diesen Lebensschatz zu bergen. »Du bist heute das Ergebnis dessen, was du gestern gedacht hast«, ist von Buddha überliefert. Genau deshalb ist es so wichtig, dass wir das Richtige denken, dass wir positiv, konstruktiv und in Lösungen denken, dass wir uns in Gedankendisziplin üben – eine der Schlüsselfähigkeiten für ein glückliches und erfülltes Leben. Vergessen Sie nicht: Selbstbewusstsein ist unabhängig vom sozialen Status oder anderen äußeren Faktoren. Selbstbewusstsein ist vielmehr eine Frage der inneren Überzeugung und Erkenntnis über sich selbst und hängt primär mit der eigenen Zufriedenheit zusammen.

Vier Strategien für Zufriedenheit

Zu einem rundum gelungenen Leben gehört sicher, dass Sie sich selbst ein Umfeld zu schaffen wissen, das diese Zufriedenheit erzeugt. Wie kann das gelingen?

Strategie eins: Entscheiden Sie sich für die Fröhlichkeit, und beginnen Sie damit sofort. Lächeln Sie, um sich ein neues positives Lebensgefühl anzueignen. Schätzen Sie auch die kleinen Momente, die Sie positiv stimmen und Ihnen Freude und Zufriedenheit schenken. Geben Sie Ihnen Bedeutung, denn wenn Sie sie zusammenzählen, summieren sie sich zu einem allgemeinen Glücksgefühl.

Strategie zwei: Zügeln Sie Neidgefühle. Es ist immer einfacher, sich auf das zu konzentrieren, was im Leben fehlt, statt sich bewusst zu machen, welche positiven Aspekte dem gegenüberstehen. Hören Sie auf, sich mit anderen zu vergleichen. Erinnern Sie sich lieber daran, wie viel Sie in Ihrem Leben bekommen und schon erreicht haben.

Strategie drei: Sehen Sie optimistisch in Ihre Zukunft. Konzentrieren Sie sich auf die Ergebnisse, die Sie erlangen möchten, statt sich wegen Dingen elend zu fühlen, die entweder nicht passieren können oder werden. Erstellen Sie Ihre Wunschliste und erlauben Sie sich, sich daran zu begeistern. Nun heißt es handeln. Wählen Sie ein Ziel und machen Sie es zu Ihrer Priorität. Unterteilen Sie es in kleine Schritte, von denen Sie jeden Tag einen tun. Von der Sekunde an, in der Sie beginnen, Ihrem Ziel entgegenzuarbeiten, fühlen Sie sich selbstbewusst und positiv.

Anstatt nach dem Glück zu suchen, finden Sie Gründe zum Glücklichsein.

Strategie vier: Verbringen Sie Zeit mit Menschen, die Sie zum Lachen bringen (siehe Seite 125 ff.). Planen Sie jede Woche ein Treffen mit Leuten, die Ihre Stimmung heben. Um positiv zu denken, müssen wir mehr lachen. Dies kann Ihre Sicht auf fast jede Lebenslage komplett ändern. Außerdem ist das Leben einfach viel angenehmer, wenn Sie die ehrliche Unterstützung Ihrer Mitmenschen fühlen.

Vom Nutzen des Negativen

Auf Dauer im Alltagstrott zu verharren, kann zu einer echten Krise führen, positiv bleiben ist dann ziemlich schwierig. Deshalb sind Veränderungen so wichtig. Zum Beispiel ein überraschender Neuanfang im Job durch eine Kündigung, mit der Sie nicht gerechnet hatten. Haben Sie schon einmal daran gedacht, dass derartige negative Vorkommnisse auch einen positiven Nutzen und damit einen Sinn für Sie haben könnten? Vielleicht waren Sie in letzter Zeit ohnehin nicht mehr motiviert, hatten innerlich schon gekündigt und nur mehr Arbeit nach Vorschrift verrichtet? Oder hatten Sie schon seit einiger Zeit das Gefühl, dass Sie nicht leistungsgerecht entlohnt wurden? Oder haben Sie gespürt, dass Ihr Job Sie unterfordert und Sie sich nicht wirklich entfalten und entwickeln konnten? Der bewusste Umgang mit solch unbewussten Vorstellungen kann den Blick auf völlig neue Horizonte eröffnen. Und das zuvor Negative entpuppt sich tatsächlich als eine bislang verborgene Chance. Merke: In jeder Idee, in jedem Vorschlag, in jedem Vorkommnis steckt etwas Gutes, auch wenn es spontan häufig nicht so scheint. Und es lohnt sich fast immer, dieses Gute herauszufinden.

Zur Selbsterkenntnis

Sanguiniker, Choleriker oder doch Melancholiker? Bereits im 5. Jahrhundert v. Chr. beschrieb Hippokrates, berühmtester Arzt der Antike und Vater der Medizin, die Menschen anhand ihrer Persönlichkeitseigenschaften. Er unterschied vier Typen: den heiteren und aktiven Sanguiniker, den eher grüblerischen und traurigen Melancholiker, den schwerfälligen und teilnahmslosen Phlegmatiker und den leicht reizbaren Choleriker. Modernere Ansätze wie von Hans Jürgen Eysenck, einem der Wegbereiter der Persönlichkeitsforschung, ordnen die verschiedenen Eigenschaften der menschlichen Persönlichkeit zwischen den Varianten introvertiert–extravertiert sowie instabil–stabil ein.

Die einzige Person, mit der Sie 24 Stunden am Tag zusammen leben müssen, sind Sie selbst. Sicher haben Sie sich auch schon oft bei gedanklichen Selbstgesprächen ertappt, die häufig geprägt sind von hohen Leistungsansprüchen, Ungeduld, Vorwürfen, Entmutigung, Ärger und Schuldzuweisungen. Bedenken Sie, dass Ihr Unterbewusstsein auf diese ständige, langfristig kränkende und verletzende Selbstabwertung reagiert. Deshalb sollten Sie mit sich selbst in freundlicher und warmherziger Weise kommunizieren. Ähnlich wie beim zwischenmenschlichen Umgang wirken auch auf unser Selbst bezogen liebevolle Beachtung und motivierende Zuwendung stärkend. Bringen Sie ruhig dann

Es lohnt sich, Muster und Züge des eigenen Grundverhaltens zu erforschen, um zu erkennen, woraus wir unsere Energie schöpfen oder wie wir Entscheidungen treffen.

und wann einige Vorstellungen mit ein, die Sie für sich anstreben. Zum Beispiel: »Ich bin ein positiver Mensch«, »Ich freue mich, dass alles so ist, wie es ist.« Wenn Sie also an sich und Ihre Fähigkeiten glauben, wenn Sie Chancen ergreifen statt Misserfolgen nachzutrauern, haben Sie ganz klar einen Vorteil. Ruhen Sie sich nicht auf einem Scherbenhaufen aus, denn nur wer wagt, gewinnt. Je mehr Sie über sich selbst wissen, desto mehr Freiheit entwickeln Sie, um sich und Ihre Gedanken in die richtigen Bahnen zu lenken. Daraus erwächst das Gefühl, dass Sie Ihr Leben selbst in die Hand nehmen können. Genießen Sie es. Sie brauchen jetzt nie mehr in Selbstmitleid zu baden, Fehler bei anderen oder in der Umwelt zu suchen und damit vor der Verantwortung für das eigene Leben davonzulaufen.

Ihr Zauberwort

Wer Probleme mit dem Schlaf hat, ist tagsüber übermüdet und gereizt, kann sich schlechter konzentrieren und weniger schnell auf äußere Faktoren reagieren als sonst. Da ist es schnell vorbei mit dem Positiv-Sein. Vielleicht könnte in dieser Situation ein sogenanntes Mantram Ihren unruhigen Geist entspannen und wieder in die bejahende Richtung weisen? Für ein Mantra brauchen Sie keine Ausrüstung oder spezielles Training, Sie können es immer und überall praktizieren. Einzige Einschränkung: Sie sollten nicht gerade an einer Aufgabe arbeiten, die Ihre volle Konzentration erfordert. Wiederholen Sie einfach in Ihrem Geist bestimmte Silben wieder und wieder. Verwenden Sie bedeutungslose Silben, die Ihnen gefallen, zum Beispiel *Ing, Ang, Aime, Schimi, Miam* usw., da Wörter mit Bedeutung Assoziationen und Gedanken auslösen und von der Entspannung ablenken. Wenn Ihr Geist beginnt abzuschweifen, konzentrieren Sie sich einfach wieder auf Ihr Mantram. Sie werden erstaunt sein, welche positive Wirkung Sie damit erreichen. Mit der Wiederholung Ihrer persönlichen Zauberformel fokussieren Sie Ihren Geist und wirken negativen Gedanken entgegen, die Ängstlichkeit, Beunruhigung oder Traurigkeit hervorrufen.

Entspannung

Geht es Ihnen auch so, dass Sie in der Hektik des Alltags von einem Ereignis zum nächsten rasen, mit kaum einer Verschnaufpause dazwischen? Viele Menschen haben das gleiche Problem. Sie richten ihre Aufmerksamkeit zu sehr nach außen und verlieren so den Zugang zu sich selbst. Schnell merken wir nicht mehr, ob wir müde sind und eigentlich eine Pause brauchen, ob wir Durst haben, ob der Tag gut oder schlecht war und wie es uns geht. Dabei gäbe es so viele kleine, individuell ganz unterschiedliche Entspannungsmomente, die wir unserem Gehirn und Körper gönnen sollten: der Blick ins Grüne, spielenden Kindern zusehen, ein kurzer Spaziergang … Was könnten Sie also tun, um sich in nur zwanzig Minuten zu erfrischen und zu regenerieren? Mit Entspannung und Kräftigung Ihres Körpers können Sie den Arbeitstag abschütteln. Hier ein paar Anregungen, die Sie problemlos in Ihren Alltag einbauen können und mit deren Hilfe Sie Ihren »Reset-Knopf« für Körper, Geist und Seele finden.

Wieder neu durchstarten

Finden Sie eine freie Wand und legen Sie daran die Beine fünf bis sieben Minuten hoch. Ihre Arme strecken Sie neben sich aus, mit den Handflächen nach oben. Diese einfache Yogahaltung kehrt die Wirkung der Schwerkraft um und befreit durch die verstärkte Durchblutung Ihren Kopf. Atmen Sie dabei tief ein und aus. Auf diese Weise können Sie die momentane Spannung des Tages abfließen lassen. Mit einer kleinen Anleihe aus dem Qi Gong bringen Sie die Energie in Ihrem Körper wieder zum Fließen und Ihren Geist in Schwung. Klopfen Sie dazu etwa zwei Minuten lang mit lockerer Faust Ihre Beine ab, so als ob Sie an eine Tür pochen würden. Klopfen Sie Ihre Fußsohlen aus, die Außen- und die Innenseite Ihrer Beine und Arme, die Seiten Ihres Halses, Ihren oberen Rücken, den Brustkorb, das Sonnengeflecht (etwa zwei Fingerbreit oberhalb des Nabels) und Ihren Bauch. Vergessen Sie nicht, Ihre Handflächen mit einzubeziehen. Dann klopfen Sie auf Po, Nierengegend, unteren Rücken und steigen aufwärts zu den Schultern und dem oberen Rücken. Mit diesem »Abklopfen« stimulieren Sie Haut und Muskeln und lösen Spannungen.

Die speziell von der Computerarbeit verspannten Partien um Nacken und Rücken können Sie folgendermaßen lockern: Setzen Sie sich gerade hin und machen Sie den Nacken ganz lang. Stellen Sie sich vor, Sie wollen mit dem Hinterkopf etwas Schweres nach oben schieben. Lassen Sie los und drücken Sie noch einmal.

Auch ein kurzes Fußbad wirkt Wunder, entspannt und gibt gleichzeitig neue Energie, ohne dass es so viel Zeit wie eine Dusche braucht. Setzen Sie sich auf den Wannenrand und lassen Sie kühles Wasser über die Beine fließen, oder füllen Sie eine kleine Fußwanne mit Wasser und geben Sie ein paar Tropfen Zitrus- bzw. Pfefferminzöl dazu. Trocknen Sie Ihre Füße gut ab und massieren Sie sie mit Körperlotion. Spüren Sie einige Momente nach, wie positiv anregend diese kleine Fußmassage auf Ihren ganzen Körper wirkt.

Tricks gegen mentale Anspannung

Die Sorgen, die wir in hektischen Zeiten haben, wirbeln Gefühle und Gedanken durcheinander. Wir verspannen zunehmend und die Konzentrationsfähigkeit nimmt ab. Versuchen Sie in solchen Situationen, Ihre Probleme anders zu interpretieren. Vielleicht finden Sie eine ganz neue Perspektive, die aus Schwächen Stärken macht und zum Beispiel aus Ungeduld Zielstrebigkeit.

Lassen Sie ruhig einmal die Dinge geschehen. Sehen Sie vom Multitasking (also mehrere Aufgaben gleichzeitig zu erledigen) ab. Sie verzetteln sich meist und brauchen letztendlich mehr Zeit. Wenn Ihre Gedanken nur noch um ein Thema kreisen, lenken Sie sich bewusst ab. Musik – selbst gemacht oder von der CD – ist dabei ein guter Helfer. Hören Sie ruhige, melodiebetonte und rein instrumentale Musik. Erstellen Sie eine Liste mit all Ihren Erfolgen oder erfreulichen Situationen oder fixieren Sie Ihr Problem schriftlich, damit Sie es mit jemandem besprechen und besser strukturieren können. Leichte Übungen wie

Lassen Sie los, zügeln Sie Ihren Ehrgeiz: Dann erreichen Sie viele Ziele im Handumdrehen.

Gehen, Joggen, Radfahren oder Schwimmen wirken sich ebenfalls positiv auf Ihre Seelenruhe aus. Versuchen Sie sozusagen als prophylaktisches Entspannungstraining dreimal in der Woche je dreißig Minuten eine der genannten Sportarten auszuüben.

Ärger im Griff

»Man ärgert sich nie ohne Grund, aber selten aus einem guten«, heißt es von Benjamin Franklin, dem großen amerikanischen Staatsmann. Wenn Wut und Ärger Sie den Kopf verlieren lassen und zu Handlungen hinreißen, die Sie später bereuen könnten, versuchen Sie einmal mit »Reinlassen – Loslassen – Seinlassen« in einen entspannten Zustand zu kommen. Bei dieser Übung atmen Sie bewusst in drei Etappen. Denken Sie beim Einatmen an das Wort »Reinlassen« und beim Ausatmen an das Wort »Loslassen«. Nach dem Ausatmen machen Sie eine kleine Atempause, die Sie gedanklich mit dem Wort »Seinlassen« verbinden. Sehr positiv ist es, wenn Sie diese praktischen Begriffe mit angenehmen Vorstellungen füllen. Denken Sie beim Einatmen an frische Morgenluft oder stellen Sie sich beim Ausatmen vor, wie alles Belastende aus Ihnen herausströmt. Die kurze Atempause bedeutet, dass Sie einen Moment lang alles einfach so sein lassen können, wie es ist.

Ich bin stark

Viele Menschen beziehen ihr Selbstwertgefühl größtenteils daraus, dass sie von anderen definiert werden. Das gilt vor allem für gesellschaftliche Bereiche wie Politik und Wirtschaft, Mode oder Lifestyle. Da muss es nicht wundern, dass immer mehr Menschen von sich sagen: Ich weiß nicht, wer ich bin und was ich bin.

Für den Weg zum Ich sind die Antworten, die Sie sich auf folgende Fragen geben, hilfreich: Wie schätze ich mich ein? Was denke ich von mir? Wie wäre ich gern? Was ist der Unterschied zwischen meinem Selbstbild (das bin ich und war ich), meinem Fremdbild (so sehen mich andere) und meinem Idealbild (so wäre ich gern)? Indem Sie dieses Bewusstsein über sich selbst entwickeln, entsteht Selbstsicherheit und Zufriedenheit. Und als selbstsicherer Mensch können Sie: frei über Ihr Verhalten entscheiden, Ihre Umgebung prägen, eine Situation in Ihrem Sinne verändern, sich am eigenen Schopf aus dem Sumpf von Schüchternheit und Minderwertigkeitskomplexen ziehen. Dabei werden Sie entdecken, dass sich Ihr Selbstbewusstsein nicht direkt vom sozialen Status ableitet, sondern hauptsächlich mit Ihrem persönlichen Wohl-

Wer sich selbst entdecken will, muss lernen, sich nicht durch andere definieren zu lassen.

befinden zusammenhängt. Großen Anteil an einem erfüllten, gelungenen Leben hat ein Umfeld, das Sie mit Zufriedenheit erfüllt. Und nur Sie selbst wissen, wie dieses auszusehen hat. Wollen Sie Karriere machen? Okay. Wollen Sie sich vorzugsweise in der Familie entfalten? Auch okay. Tun Sie, was Sie persönlich glücklich macht.

Ihr Glücksbuch

Wenn also das Selbstbewusstsein die Grundlage der Selbstsicherheit ist, dann sollten Sie sich immer wieder ein wenig Zeit nehmen, um in Ihrem persönlichen »Joybook«, Ihrem »Glücksbuch«, schriftlich darüber nachzudenken. Dieses Glücksbuch ist eine Art Tagebuch, in dem Sie nur freudige, positive Gedanken notieren. Kein Thema, kein Aspekt ist zu klein oder zu groß, zu ausgefallen oder zu banal, um darüber zu schreiben. Mit Ihrem Glücksbuch haben Sie ein einfaches Hilfsmittel zur Hand, um Ihr optimistisches Ich besser kennenzulernen und so schneller Mittel gegen Mutlosigkeit zu finden. Zudem entdecken Sie ganz nebenbei, was Sie von anderen unterscheidet, was Sie auszeichnet und was für Ihr Leben wichtig ist. Das macht stark und selbstbewusst.

Das Glück entflieht uns, wenn wir hinter ihm herrennen; in Wahrheit kommt das Glück von innen.
Mahatma Gandhi

Ich will …

»Eigentlich habe ich dafür keine Zeit« oder »Da weiß ich nicht Bescheid«: Haben Sie auch die Angewohnheit, sich selbst mit Ausreden zu betrügen? Und sich so vor Herausforderungen zu drücken? Leider bringen Sie sich damit auch um viele Chancen. Diese kleinen, dennoch aber faulen Ausreden hindern Sie daran, Probleme anzupacken, Risiken einzugehen und Ihr Leben in vollen Zügen zu genießen. Entlarven Sie, was hinter Ihren kleinen Lebenslügen steckt, und Sie können Ihr Selbstbewusstsein beträchtlich steigern – und Ihre Glücksmomente dazu. Es wird immer wieder Zeiten in Ihrem Leben geben, in denen Sie sich unglücklich, unzufrieden oder ohne Selbstvertrauen fühlen. Dies ist kein seltener oder gar ungewöhnlicher Zustand. Tatsächlich passiert es auch den stärksten, selbstbewusstesten und erfolgreichsten Menschen, dass sie Tiefen durchleben. Hier nun vier positive Aussagen, die Ihnen helfen können, Ihre Stärke wiederzufinden.

Ich will mit meiner Selbstkritik aufhören.

Viele von uns haben eine eingebaute Negativität, die entmutigende Gedanken in unserem Kopf herumspuken lässt und uns damit kleinmacht. Dies kann von Erfahrungen unserer Kindheit herrühren, davon, wie unsere Eltern mit uns umgingen, von Rückschlägen oder aktuellen Ereignissen. Das lässt sich ändern. Seien Sie aufmerksam und spitzen Sie Ihre Ohren, sobald sich die Negativstimme bemerkbar macht. Hören Sie bewusst zu, wenn sie Sie herabsetzt, und stellen Sie dieses Urteil infrage. Oder noch besser: Versuchen Sie das Ruder herumzureißen und wenden Sie die negativen Einschätzungen in ein positives Selbstbild.

Ich will, dass man mich hört.

Sie haben den Eindruck, Sie stehen am Rand und werden ignoriert, oder Sie fragen sich, ob Sie es wert sind, dass man Ihnen zuhört? Dann ist es an der Zeit, dass Sie Ihre eigene Stimme finden. Setzen Sie sich einen Moment hin und denken Sie nach. Gehen Sie gedanklich zu einer Situation zurück, in der Sie das Gefühl hatten, nicht gehört zu werden. Auch wenn es für Sie unangenehm sein mag, stellen Sie sich vor, Sie würden das Geschehene nochmals durchleben – mit dem Unterschied, dass Sie jetzt Ihre Rolle ein wenig ändern. Was hätten Sie damals sagen können, um mehr Effekt zu erzielen? Wie könnten Sie es gesagt haben? Vertrauen Sie Ihrem Instinkt, Sie wissen die Antwort genau. Diese kleine Imagination sollten Sie öfter praktizieren, erst still für sich, dann hörbar in der Öffentlichkeit. So werden Sie sich allmählich verändern und die Leute hören Ihnen garantiert zu.

Ich will meine zwischenmenschlichen Beziehungen verbessern.
Fühlen wir uns selbstsicher und kontaktfreudig, entlocken wir diese Reaktion auch anderen. Verhalten wir uns wie Opfer, dann ist es umso wahrscheinlicher, dass wir Missachtung ernten. Ein Beispiel: Sie kommen mit einer Arbeitskollegin ziemlich schlecht zurecht. Wird Ihr Ärger irgendetwas verändern oder verbessern? Wie wäre es, wenn Sie stattdessen darüber nachdenken, wie Sie das Kräftespiel dieser Beziehung ändern können? Vermutlich werden Sie ein weitaus besseres Ergebnis erzielen, wenn Sie sich der Person gegenüber positiv verhalten. Also, probieren Sie den neuen Ansatz aus – er könnte die Energie der Situation wandeln und dadurch den ganzen verfahrenen Zustand.

Ist es nicht so, dass unsere Beziehungen zu anderen Menschen die Beziehung zu uns selbst widerspiegeln?

Ich will motivierter sein.
Leidenschaft ist Ihr Schlüssel zur Motivation. Halten Sie dazu in einer Liste Ihre Kurz- und Langzeitziele fest und überlegen Sie, wie wichtig sie Ihnen sind. Auf einer Leidenschaftsskala von eins (entspricht: gar

nicht) bis zehn (wundervoll) bewerten Sie Ihre Ziele. Jedes, das weniger als zehn Punkte bekommt, sollten Sie fallen lassen – Sie wollen es einfach nicht genug. Seien Sie realistisch mit Ihren Zielen, und bleiben Sie an denen dran, von denen Sie wissen, dass Sie sie auch durchziehen. Wenn Sie etwas wirklich erreichen wollen (zum Beispiel einen neuen Job finden), werden Sie auch alles in Ihrer Macht stehende daransetzen. Sie müssen voll und ganz dabei sein, um motiviert zu bleiben. Machen Sie niemals etwas halbherzig.

Die Kunst, neu anzufangen

Menschen, die Verantwortung übernehmen wollen, die sich einmischen, die für Entscheidungen geradestehen und die von ihrem eigenen Tun überzeugt sind, sind in der Regel selbstsicherer und verfügen damit über ein größeres Wohlbefinden.

Sich auf Neues, auf Veränderungen einzulassen, ist ein großer Schritt. Bevor Sie damit beginnen, sozusagen Ihr eigener Coach zu sein, sollten Sie sich drei Schlüsselfragen stellen. Sie helfen Ihnen herauszufinden, ob die Zeit dafür reif ist, dass Sie Verantwortung für Ihr Leben übernehmen.

1. Bin ich bereit zum genauen Blick darauf, wo ich in meinem Leben im Moment stehe? Kann ich mich für das einsetzen, was ich wirklich will, damit es seinen verdienten Platz einnehmen kann?
2. Bin ich bereit, mehr Bewusstsein dafür zu entwickeln, was ich eigentlich nur dulde?
3. Kann ich mich (schon) darauf einlassen, eine »Ich-kann-es-tun-Haltung« zu kultivieren? Eine Einstellung, die mit Handlung und Aktivität einhergeht, welche nötig sind, um mich in meinem Leben weiterzubringen?

Wir alle haben Ziele, aber oft ist es hart, sie zu erreichen. Wer will, kann mit der Zeit einerseits die Fähigkeit entwickeln, seinen natürlichen Zauder-Instinkt zu überwinden, und andererseits die Willenskraft, sein Ziel zu treffen. Sie müssen nur verstehen, was Sie antreibt.

Ziele, die es wert sind

Die Kraft, die uns einfach weitermachen und Dinge geschehen lässt, ist schwer fassbar und für die meisten von uns verwirrend. So gern wir inspirierte Draufgänger sein möchten und unsere guten Vorsätze durchhalten wollen – etwa um abzunehmen, unser Bankkonto auszugleichen, mit dem Rauchen aufzuhören oder mit dem

Walking-Programm weiterzumachen –, viele Menschen tun es nicht, aus unerfindlichen Gründen. Stattdessen werden wir frustriert, extrem selbstkritisch … und fangen immer noch nicht damit an. Ein Vorschlag: Warum stärken wir unsere Motivation, unseren Mut zu Neuem nicht in derselben Art und Weise, wie wir Muskeln aufbauen? Mit Training!

Wäre das nicht Grund genug, damit anzufangen, Ihre guten Vorsätze Wirklichkeit werden zu lassen? Schießen Sie sich auf Ihre Ziele ein. Sie müssen verstehen, was Sie wirklich wollen. Es hört sich grundlegend an, aber oft genug denken wir, dass wir nur etwas erreichen wollen oder sollen. Ein einfacher Grund, weshalb manche Leute nicht motiviert sind, ist schlichtweg der, dass die Arbeit, die damit verbunden ist, von anderen diktiert wird, dass das Ziel also nicht ihr Ziel ist. Das Gefühl, wenigstens etwas Kontrolle zu haben, ist eine der Voraussetzungen für Motivation. Versuchen Sie es doch einmal mit dieser Taktik: Wägen Sie ehrlich ab, was Ihnen wichtig ist. Welche Teile Ihres Lebens bringen Ihnen Freude? Die Arbeit? Die Familie? Ihre Hobbys? Was Sie nicht glücklich macht, kann Sie auch nicht motivieren. Fragen Sie sich ruhig, was für Sie dabei her-

Sich Ziele zu setzen und darauf hinzuarbeiten, schafft Belohnungsmomente und mehr Zufriedenheit in Ihrem Leben.

ausspringt. Gibt es keine emotionale Belohnung, kein Vergnügen oder eine angenehme Abwechslung, dann suchen Sie sich ein ansprechenderes Ziel. Sie wollen zum Beispiel wieder Sport treiben? Dann denken Sie zurück an eine Aktivität, die Ihnen früher Spaß gemacht hat, und nehmen Sie sie wieder auf. Sport, den wir mit guten Erinnerungen verbinden oder der unser Selbstvertrauen pusht, wird auch durchgehalten.

Mehr Lust auf Neues?

Hier einige Tricks, die mehr Schwung in Ihren Alltag bringen und dabei helfen, neue Projekte umzusetzen:

- Wählen Sie einen Montag für den Start zu Ihrem neuen Ziel. Der Wochenbeginn hat etwas an sich, das wie ein neuer Anfang wirkt. Montage geben Ihnen ein ähnliches Energiegefühl wie der erste Tag eines neuen Jahres.
- Setzen Sie stets Ihr Ziel an die erste Stelle. Im Laufe des Tages ist immer weniger Zeit, um alles auf Ihrem Programmplan zu erledigen. Verpassen Sie aber Ihrem Projekt eine A-Priorität, dann besteht eine große Chance, dass Sie es wirklich beenden können.
- Gehen Sie es entspannt an. Wenn Sie spüren, dass Sie gerade dabei sind, Ihr Ziel aufzugeben, dann sollten Sie eine Möglichkeit

finden, wenigstens fünf oder zehn Minuten darin zu investieren. Unter Umständen ist Ihr Projekt gar nicht so schwer, sondern nur der Kampf, endlich damit anzufangen.

- Stecken Sie Ihr Geld dort hinein, wo Ihr Ziel ist. Nachdem Sie sich mit Ihren neuen Joggingschuhen nicht lumpen ließen oder sich bei einem Privatlehrer für Spanisch angemeldet haben, werden Sie viel motivierter dabei bleiben. Schließlich wollen Sie ja einen Gegenwert für Ihr Geld, nicht wahr?
- Finden Sie ein Mantra. Sie müssen kämpfen oder bekommen sogar Panik auf dem Weg zu Ihrem Ziel? Dann ist es Zeit für Ihre persönliche Beschwörungsformel. Sagen Sie sich einen mächtigen, beruhigenden oder sogar spirituellen Satz vor wie diesen: »Es gibt keine Probleme, nur Lösungen.«

- Verfolgen Sie Ihr Ziel mit Vergnügen. Nutzen Sie beim Walking Ihr Handy für einen kleinen Schwatz mit alten Freunden. Entrümpeln Sie Ihre Schränke bei flotter Musik oder zünden Sie eine Duftkerze an, wenn Sie einen Stapel Unterlagen durcharbeiten müssen. Machen Sie sich die Arbeit so angenehm wie möglich.
- Lassen Sie sich loben. Auch ein noch so kleines Lob motiviert ungemein. Freuen Sie sich über Komplimente und Anerkennung für Ihre Anstrengungen und Sie werden Fortschritte machen.

Auf der Überholspur

Brauchen Menschen eine Aufgabe, um glücklich zu werden? Warum nicht so leben, als ob jeder Tag der letzte wäre – einfach das Dasein genießen, ohne nachzudenken, was morgen sein wird? Natürlich kann zu viel und falsche Arbeit zu Stress und Burn-out führen, aber richtig gewählt bietet sie sinnvolle Lebensziele. Es kommt nur darauf an, dass Sie nicht die Form Ihres Jobs zum Lebensziel erheben, sondern den Inhalt Ihrer Arbeit. Wer Neues ausprobieren will, Entdeckungen machen, ständig dazulernen, interessante Menschen kennenlernen, mehr und besser kommunizieren, sich selbst vervollkommnen, der befindet sich auf dem besten Weg, um beruflich erfolgreich zu sein. Manche Menschen machen zufällig Karriere, weil sie zur richtigen Zeit am richtigen Ort sind, oder sie werden auf Positionen befördert, die sie gar nicht angestrebt hatten. 45 Prozent der deutschen Frauen wünschen sich einen Job, der genügend Flexibilität für Karriere und Familie bietet, ist in der Online-Ausgabe des Magazins *Focus* nachzulesen. Für Ihre Karriereplanung bedeutet dies, sich von Anfang an ehrgeizige Ziele zu stecken, damit Sie bekommen, was Sie wollen.

Zensieren Sie sich nicht von vornherein. Denken Sie ruhig quer!

Also: Die Marschrichtung ist klar. Sie möchten ganz oben ankommen und nicht nur einen interessanten Job mit netten Kollegen. Sie meinen, Karrieren entstünden durch das Lösen von Aufgaben, nicht durch Karriereplanung? Dann betrachten Sie Ihre Planung und Zielsetzung ruhig als einen Stadtplan, mit dem Sie jederzeit Ihre Richtung ändern können. Ein ganz wichtiger Faktor beim Klarwerden, was Sie in Ihrem Leben erreichen wollen, ist, dass Sie sich gedanklich nicht einschränken, sondern alle Möglichkeiten offenlassen.

Und schreiben Sie einfach alles auf. Zum Beispiel Ihre Antworten auf diese Planungsfragen:

- Was kann ich besonders gut? Was bringe ich mit und wo liegen meine Interessen?
- Wo sehe ich mich in fünf (oder zehn) Jahren? Wie kann ich mein Ziel erreichen?
- Wie muss der Beruf aussehen, der am besten zu mir passt? Welche Tätigkeiten sollen zu diesem Beruf gehören und um welches Fachgebiet soll es sich handeln?
- Wie sieht das für mich passende Unternehmen aus?
- Welche Stolperfallen gibt es für mich persönlich auf dem Weg zu diesem Beruf und wie kann ich sie ausräumen?

Entdecken Sie Ihre Erfolgsintelligenz

Gehören Sie zu den Menschen, die wichtige Entscheidungen am liebsten den anderen überlassen? Sind Sie mit Ihren beruflichen Erfolgsaussichten unzufrieden? Haben Sie das Gefühl, dass Sie nur das tun, was Ihnen von Ihren Vorgesetzten vorgegeben wird? Träumen Sie von einer blendenden Laufbahn als erfolgreicher Karrieretyp und zugleich von einem starken Arm, der Sie vor der Härte der Welt beschützt? Höchste Zeit, Ihre Erfolgsintelligenz einzusetzen. Hinter diesem Begriff verbergen sich all Ihre praktischen Fähigkeiten, die Ihnen den Weg zum beruflichen wie privaten Erfolg erschließen.

Ergreifen Sie selbst die Initiative, und verlassen Sie sich niemals darauf, dass andere Sie ans Ziel bringen.

Laufen Sie also nicht nur mit. Versuchen Sie, aktiver zu werden. Menschen mit Erfolgsintelligenz setzen ihre Gedanken in Taten um, sind ergebnisorientiert, kreativ und praktisch. Sie wissen das Beste aus ihren Fähigkeiten zu machen, sind unabhängig und konzentrieren sich auf ihre Ziele. Sie haben keine Angst vor Fehlschlägen und schieben nichts auf die lange Bank. Sie versuchen, persönliche Schwierigkeiten zu überwinden, und akzeptieren berechtigte Kritik. Sie glauben an ihre Fähigkeit, die eigenen Ziele zu erreichen. Sie wissen, dass in der Herausforderung und in der Anstrengung der Erfolg liegt, und nicht in der Bequemlichkeit. Kurz gesagt: Erfolgreiche Menschen halten sich nicht mit Klagen über ungünstige Umstände auf, sondern sehen sie als Herausforderungen, die es zu bewältigen gilt. Genau dies sollten Sie auch tun!

Raus aus eingeschliffenen Routinen

Eingefahrene Gleise verlassen, dem Alltag einen neuen Kick geben, mutig sein im Leben, ohne unvorsichtig zu werden – wer möchte das nicht? Der Aufbruch zu neuen Ufern beginnt im Kopf. Sobald wir jede Schwierigkeit, mit der wir konfrontiert werden, als bedrohlich für unsere Existenz einschätzen, tritt in Kraft, was die Sozialpsychologie als »gelernte Hilflosigkeit« bezeichnet. Man bekommt einen Tunnelblick und sieht seine Möglichkeiten nicht mehr. Warten Sie deshalb den Gang der Dinge keinesfalls passiv ab. Hören Sie auf, bestimmte Lebensmodelle erfüllen zu wollen. Stellen Sie Ihre eigene Persönlichkeit dagegen und das, was für Sie selbst von Bedeutung ist. Wollen Sie mit sechzig Ihren aktuellen Job auch noch machen? Nein? Dann sollten Sie etwas ändern. Zum Beispiel schriftlich über Aspekte nachdenken, wie die Entwicklung Ihrer Fähigkeiten und Kenntnisse, über Ihre Visionen und Träume, und auch darüber, wie sich die Branche,

in der Sie arbeiten, voraussichtlich entwickelt. Auf der Basis dieser Gedanken können Sie immer wieder überlegen, wo Sie etwas rechtzeitig verändern und wandeln wollen, nicht erst dann, wenn Ihnen der Job komplett verleidet ist. Betrachten Sie doch einmal Ihre Umwelt genau: Erkennen Sie, dass Veränderung – zum Beispiel in Bezug auf die Jahreszeiten, auf unseren Körper, Tag und Nacht und andere Zyklen – ein ganz normaler Bestandteil des Lebens sind? Da dürfte es Ihnen nicht schwerfallen, sich selbst auch als »Verwandlungskünstler« vorzustellen. Damit haben Sie alle Mittel in der Hand, um gegen Gewohnheitsdenken, innere Erstarrung und Verharren im Altbekannten anzugehen.

Sie werden innerlich wachsen, wenn Sie Ihren Wunsch nach Routine und Sicherheit aufgeben und bereit sind, neues Terrain zu beschreiten.

Die Spielregeln

Sind Sie auch das fleißige Bienchen, das sich abrackert, um die berufliche Eignung zu beweisen? In der Hoffnung, man möge Sie eines Tages bemerken und auf dem Karrieretreppchen nach oben befördern? Um dann am Ende trotzdem von Ihren Kollegen abgehängt zu werden? Wer sich nicht selbst ins rechte Licht rückt, wird schlicht übersehen. Vor allem vielen Frauen ist diese Tatsache noch immer nicht klar. Dabei gilt: »Tue Gutes und rede darüber.« Seien Sie in der Beurteilung Ihrer Leistungen einfach einmal nicht überkritisch und auch nicht zu ehrlich. Warten Sie nicht darauf, »entdeckt« zu werden. Signalisieren Sie stattdessen, dass man mit Ihnen rechnen muss. Wollen Sie nicht bis zur Rente für andere in unbedeutender Position schuften, sondern selbst Weisungen erteilen, dann sollten Sie jetzt die Strategien überdenken, mit denen Sie der Fleißfalle entkommen können: Üben Sie selbstbewusstes Auftreten. Äußern Sie Ihre Ansprüche klar, auch mit dem Risiko einer Konfrontation. Selbst wenn Sie sich am Ende nicht durchsetzen sollten, erwerben Sie sich Respekt ohne Beliebtheitseinbußen. Lernen Sie, Nein zu sagen, und lehnen Sie »undankbare« Aufgaben ab. Die will schließlich auch kein anderer machen, denn deren Erledigung wird meist weder bemerkt noch dankbar quittiert. Verabschieden Sie sich von Ihrem Perfektionismus, denn eventuelle Mängel können Sie später immer noch beheben. Statt zu jammern und zu lamentieren, ist es besser, gute Vorschläge zu unterbreiten. Lehnt man sie ab, bestehen Sie auf einer sachlichen Begründung.

Passt Ihnen etwas nicht, ändern Sie es. Können Sie es nicht ändern, akzeptieren Sie es. Wenn Sie es nicht akzeptieren können, dann gehen Sie. Ein Jobwechsel bringt Sie manchmal weiter.

Beziehungen

»Interessiere dich für andere, wenn du willst, dass andere sich für dich interessieren sollen«, notierte einst Freiherr von Knigge. Entdecken Sie, was Partner und Freunde mit Ihrem Selbstwertgefühl zu tun haben. Stellen Sie fest, welche Stärke Sie aus Freundschaften ziehen können und wie wertvoll Netzwerke sind.

Auch Tipps für mehr Mut zur Auseinandersetzung sind hilfreich, denn gerade zum Neinsagen gehören Stärke und Selbstbewusstsein.

Mr Right

Viele von uns sind ihr ganzes Leben lang auf der Suche nach dem Traumpartner, dem Seelenverwandten, kurzum nach Prince oder Princess Charming. Denn: Was wären wir ohne die Liebe, unsere Triebe, unsere Lust und Leidenschaft? Sie kommen und gehen, ganz wie sie wollen. Sie beeinflussen unser Fühlen und Wollen unabhängig und sogar gegen die Einsicht unserer Vernunft. Doch wer könnte der Leidenschaft des Liebens, dem Sturm unserer Emotionen, den Turbulenzen des Hingezogenseins widerstehen? Neben dem Beruf sind es vor allem das persönliche Umfeld und die persönlichen Beziehungen, in denen die meisten von uns Selbstsicherheit tanken.

Bloß verliebt

Nie waren die Erwartungen an die Liebe höher als heute, und auch der Irrglaube, der richtige Partner könnte dauerhaft alle geistigen, körperlichen und emotionalen Bedürfnisse befriedigen, hält sich hartnäckig in unseren Köpfen. Ist es nicht so, dass eine Beziehung uns einfach alles geben soll, was wir uns wünschen? Einen Ausgleich für die Kälte unserer heutigen Zeit und für die hohen Anforderungen in Beruf und Alltag. Und natürlich sollte sie außerdem ewig dauern. Aber halt! Wer heute den Kopf in den Sand steckt, wird morgen vermutlich mit den Zähnen knirschen. Sie sollten erkennen, dass Sie weder ein Teil von Ihrem Partner sind noch eine Verlängerung oder Erweiterung seiner selbst, sondern eine eigenständige Persönlichkeit mit einer eigenen Geschichte und eigener Identität. Für Ihre Kraft, Hoffnung und Freiheit, für Ihr Bedürfnis nach Geborgenheit, Nähe und Zärtlichkeit stehen Sie selbst in der Pflicht, und diese dürfen Sie nicht vernachlässigen.

Die US-Anthropologin Helen Fisher, vom Magazin *Spiegel* als eine der weltweit bekanntesten Liebesexpertinnen bezeichnet, betrachtet die Liebe im Großen und Ganzen als eine Möglichkeit mit drei Ausrichtungen: die leidenschaftliche Lust, die romantische Liebe und die Bindung.

Woran liegt es denn, dass so mancher Frosch in unseren Augen zum Prinzen wird?

Unsere Hormone gaukeln uns häufig etwas vor. Sie sind die Übeltäter, die Botenstoffe wie Dopamin bzw. Adrenalin, die uns in das Gefühlswirrwarr stürzen und Schmetterlinge in den Bauch schicken. »Ich möchte mich verlieben. Ich möchte von jemandem geliebt werden. Aber wie stelle ich das an?« Keine Sorge, Sie sind nicht allein in Ihren Bemühungen, über alle Gegensätze hinweg

»ihn« oder »sie« in Ihren Bann zu ziehen. Bedenken Sie, dass in Ihr Spiel mit der Liebe auch Ihre Erinnerungen, Erwartungen, Ängste und Fantasien mit einfließen. Bringen Sie deshalb Aktivität und Schwung in Ihr Leben, und öffnen Sie sich für neue Kontakte. Will Ihr Favorit sich absolut nicht verlieben, dann belassen Sie es dabei und quälen sich nicht mit falschen Hoffnungen. Lassen Sie sich stattdessen aufregende, neuartige Unternehmungen einfallen, bei denen Sie neue Leute kennenlernen, oder alte Bekannte von einer ganz neuen Seite. Oft ergibt sich vieles, ohne dass Sie es vorhersehen können.

Und wenn alles geklappt hat, was ist dann das Geheimnis eines dauerhaften Beziehungsglücks? Dass weitgehend Ebenbürtigkeit herrscht. Dass Sie auch mal etwas Neues wagen und Ihre Neugier für den anderen nicht verlieren.

Auf Partnersuche

Denken Sie manchmal: »Ich kriege keinen ab, weil ich zu unsportlich bin (oder zu klein, zu dick etc.)«? Und glauben Sie dann, Sie müssten dies oder jenes tun, um gefallen zu können? Könnte es nicht sein, dass so eine überzogene Selbstkritik mit Ihrem geringen Selbstvertrauen zu tun hat? Dass Sie mehr über Ihre Schwächen wissen als über Ihre Stärken? Glauben Sie stattdessen an Ihre Möglichkeit, jemanden zu finden. Gehen Sie aufrecht und suchen Sie nicht den Boden mit den Augen ab. Mit einem freundlichen Blick und einem fröhlichen Lächeln können Sie andere bezaubern. Nutzen Sie Ihre Flirtchance, statt sich zu verkriechen! Ob Sie in Sachen Partnersuche Erfolg haben, erfahren Sie nicht unbedingt, indem Sie darüber nachdenken, sondern indem Sie es ausprobieren. Es gibt so viele unterschiedliche Möglichkeiten, einen neuen Partner zu finden, seien es Kontaktanzeigen, Verkupplungsversuche von Freunden, der Besuch von Singleveranstaltungen, die Suche nach Gleichgesinnten oder die Tatsache, offen durchs Leben zu gehen.

Vergessen Sie nicht, dass sich Alltagssituationen fast immer besser zum Kennenlernen eignen als arrangierte Events oder Blinddates.

Suchen Sie einfach dort nach potenziellen Partnern, wo Sie sich selbst gern aufhalten. Wenn Sie sich zum Beispiel für Kunst interessieren, ist es eine gute Idee, sich in Museen umzusehen, im Kunstgeschichtskurs der Volkshochschule oder auf einer Auktion. Hier finden Sie Gleichgesinnte. Doch auch Supermärkte bieten häufig ungeahnte Möglichkeiten …

Ist er/sie aber auch der/die Richtige? Da dürfen Sie auf Ihren Verstand vertrauen: Den perfekten Partner gibt es nicht. Niemand kann alle Wünsche und Bedürfnisse eines anderen Menschen gleichzeitig befriedigen, übrigens auch Sie nicht. Lernen Sie deshalb zunächst die eigenen Prioritäten möglichst gut kennen und entscheiden Sie sich dann. »Wenn einer glaubt, dass alle Früchte zur gleichen Zeit reif sind wie die Erdbeeren, versteht er nichts von den Weintrauben«, wusste Paracelsus. Sie dürfen sich also ruhig auch einmal täuschen, sich Zeit lassen oder wählerisch sein, wenn Ihnen der Anflug eines Lächelns, ein betörender Duft oder eine leichte Berührung die Sinne raubt. Das ist alles erlaubt! Schalten Sie aber dann als Nächstes wieder Ihre Ratio ein und lassen Sie nicht nur den Bauch entscheiden.

Zeit zu gehen?

Die alten Römer hatten mit der Liebe keine Erklärungsnot, waren sie doch sicher, dass der Liebesgott Amor mit dem Pfeilköcher durch die Lande zog und seine Schießübungen veranstaltete. Der halbwüchsige Knabe als Gott der Liebe und des Verliebtseins wird oft als blind dargestellt. William Shakespeare meinte in seinem »Sommernachtstraum« dazu: »Die Liebe siehet durch die Fantasie, nicht durch die Augen, und deswegen wird der goldbeschwingte Amor blind gemalt.« Also sind nicht nur wir Liebenden

manchmal mit Blindheit geschlagen … Wenn Sie Harmonie zum Ideal Ihrer Partnerschaft machen, dann kann das gefährlich sein. Seien Sie stark: Das Leben ist Spannung und nicht immer Harmonie. Schief gehen Beziehungen nämlich eher deshalb, weil sich die Partner nicht genügend Widerstand entgegensetzen oder Probleme aus Angst vor Streit unausgesprochen bleiben.

Keine Frage, die perfekte Beziehung hat niemand. Aber es gibt ein paar Anzeichen, an denen deutlich wird, ob hier die große Liebe eine Chance hat oder ob Sie nur Ihre Zeit, Mühe und Gefühle verschwenden. Wie können Sie sich selbst die Augen öffnen? Wieder einmal ist es hilfreich, die Gedanken schreibend zu ordnen. Machen Sie eine Tabelle mit zwei Spalten. Alles, was für die Beziehung, für diesen Partner spricht, kommt in die linke Hälfte. In die rechte Spalte kommt Ihre Auflistung seiner Fehler, Macken und alles, was Sie an ihm nervt. Schlechte Zeichen sind zum Beispiel, wenn Sie sich nicht richtig verständigen können, der Partner Sie nicht ernst und keine Rücksicht auf die Gefühle anderer Menschen nimmt, er sich egoistisch verhält, ein Hausverbot für Ihre Freunde ausspricht oder Geburtstage vergisst. Dann wird verglichen: Welche Spalte ist länger? Oder Sie machen ein Gedankenexperiment und stellen sich vor: »Ich verlasse ihn. Was passiert, wenn ich ihn jetzt verlasse? Wie würde ich mich fühlen?« Sollte da irgendwo ein Gefühlshauch der Freiheit, der Erleichterung lauern, dann sieht es ganz so aus, als ob Sie auf Dauer ohne ihn auskommen könnten. Loslassen bedeutet, dass Sie sich Schritt für Schritt neuem Glück öffnen und nicht einen (scheinbar ungeeigneten) anderen Menschen länger für Ihre eigenen Erwartungen einspannen. Ein spannender Weg, auf dem Sie neue Seiten an sich selbst entdecken werden.

Freundschaft

Selbstdesign ist das Motto unserer Tage: Alle Welt arbeitet am Körper, am Aussehen, an der Fassade. Da gibt es kaum noch Menschen mit Ecken und Kanten. Wer die Brüche in seiner Person (die jeder von uns hat) offen zeigt, befürchtet oft negative berufliche oder private Folgen. So bewahrt man tapfer den schönen Schein – nach außen heile Welt und im Innern brodelnde Krisenküche. Wie gut täte es doch da, wenn man mit Freunden die anstehenden Probleme diskutieren könnte, mutig sein und zeigen dürfte, wie es hinter der glatten Fassade aussieht? Vielleicht stellen Sie fest, dass es dem anderen genauso geht? Möglicherweise der Anfang eines wundervollen Austauschs ...

Erklär mir Freundschaft

Geht es um Freundschaft, um (echte) Freunde, dürfen Sie nicht einem Kosten-Nutzen-Denken verfallen und glauben, dass Sie umso akzeptierter sind, je mehr Leute Sie kennen. Das ist reine Selbstmanipulation. Und nur zu schnell haben Sie zwar jede Menge »Bekannte«, fühlen sich aber am Ende trotzdem einsam. Selbst viele Bekannte können wenige gute Freunde nicht ersetzen, denn solche Beziehungen bleiben meist oberflächlich. Ihnen fehlt die Nähe und Vertrautheit, die für Freundschaften selbstverständlich ist und die den nötigen Rückhalt für ein selbstbewusstes Auftreten gibt.

Anstatt sich gegenseitig mit Herausforderungen zu beschäftigen und sich weiterzubringen, dümpelt Freundschaft heutzutage aber häufig im Erlebnisbereich. Ziehen Sie sich doch einmal zurück und überlegen Sie: Wer ist wirklich mein Freund? Mit wem kann und will ich über mein Inneres sprechen und mit wem eher nicht? Damit eine offene Kommunikation möglich ist, müssen sich Freunde auf Augenhöhe befinden.

Mal streiten und sich wieder vertragen können. Unterschiedliche Ideen haben und trotzdem zusammen etwas unternehmen. Sich miteinander freuen, wenn der andere etwas Außergewöhnliches kann oder erreicht hat. Ehrlichkeit, Spaß, Geheimnisse haben.

Gerade diese Ambivalenz macht den Umgang mit Freunden so wertvoll. Einen guten Freund, eine gute Freundin mag man auch mit sämtlichen Fehlern. Freundschaft bedeutet, nicht allein auf dieser Welt zu sein, denn egal, ob es einem schlecht oder gut geht, Freunde sind füreinander da, helfen und hören zu. Freunde unterstützen Sie in Ihren Träumen, egal, wie verrückt sie sind. In diesem Sinne bedeutet Freundschaft: aneinander wachsen, sich gemeinsam weiterentwickeln, aber sich trotzdem nicht fremd werden und dabei die Seele des anderen durch und durch kennen und lieben. Die Kritik und Anregungen von Freunden tragen wesentlich dazu bei, dass wir uns weiterentwickeln, offen und flexibel bleiben. Freunde sind wie ein schönes Glas Prosecco: gut für das Selbstvertrauen und verlässlich in der Wirkung.

Wahre Freundschaft gehört zu den Dingen, von denen man, wie von den kolossalen Seeschlangen, nicht weiß, ob sie fabelhaft sind oder irgendwo existieren.
Arthur Schopenhauer

Kommunikationsspezialistinnen

Ganz gemütlich lässt es sich in der Freundinnenrunde klatschen, lästern und tratschen. So ein Treffen unter Frauen kann wie ein kleiner Urlaub sein. Dabei braucht es gar nicht zu stören, dass Frauen oftmals einzelne Freundinnen für ganz bestimmte Aktivitäten haben, für Wellness, Sport, Shopping, Reisen ... Keine Angst, unter diesem Spezialistentum leidet die Tiefe und Intensität der Freundschaft nicht. Freundinnen begleiten uns oft nur durch einen bestimmten Lebensabschnitt. Gehen wir von einer in die nächste Phase, verändern sich häufig auch die Freundschaften: Manche vertiefen sich, während andere gelockert werden. Das ist vollkommen in Ordnung.

Freundschaft hat aber nicht nur etwas mit Gemeinsamkeiten zu tun, sondern auch mit Abgrenzung, denn die Freunde sucht man sich aus. Das Schönste an einer Freundschaft ist, dass man nicht alles bereden muss, dass nonverbale Kommunikation manchmal schlichtweg um einiges vielsagender und nützlicher sein kann. Die beste Freundin kann man zu jeder Tages- und Nachtzeit anrufen. Trotzdem braucht sie nicht unbedingt immer viele Gemeinsamkeiten mit Ihnen zu haben. Ein fester, gemeinsamer Nenner, was Lebenseinstellung, Karrierewünsche, Ansichten über Liebe und Partnerschaft anbelangt, reicht vollkommen aus. Wichtiger ist das Grundvertrauen. Denn wer vertraut, muss nicht alles hinterfragen, kann sich schneller orientieren und entspannter der Welt gegenübertreten.

Das Ideal der Sandkastenfreundschaft, die ein Leben lang hält, erleben nur die wenigsten.

Freunde finden

Es soll wie die sprichwörtliche Liebe auf den ersten Blick sein: Ob aus einer neuen Bekanntschaft eine feste Freundschaft wird, entscheiden wir schon nach wenigen Sekunden. Wer eine gute Freundschaft sucht, kann jedoch nicht erwarten, dass diese sich einfach so ergibt. Sie können nur versuchen, dem anderen ein guter Freund zu sein, und hoffen, dass Sie ebenfalls auf eine treue Seele treffen, die das zu schätzen weiß.

Vertrauen, Ehrlichkeit, Treue und Loyalität spielen eine große Rolle. Wer die wirklichen Freunde sind, weiß man sowieso erst dann, wenn man in einer Notsituation ist und Hilfe braucht. Wer kennt nicht das Gefühl, dass man sich dringend mal wieder bei dem besten Freund bzw. der besten Freundin melden müsste?

Vergessen Sie nie: An Freundschaften muss man arbeiten wie an Beziehungen.

Viele Menschen, die sich einsam fühlen, sehnen sich nach einem Freund oder einer Freundin. Doch woher nehmen und nicht stehlen? Wie und wo kann man so jemanden finden? Hier ein paar Ideen und praktische Anregungen dazu:

- Nicht zu sehr wollen. Überfordern Sie nicht gleich jede neue Bekanntschaft mit einer zu großen Erwartungshaltung. Auch wenn der Sympathiefaktor stimmt, geben Sie sich Zeit. Eine Freundschaft kann sich nur aus sich selbst heraus entwickeln und nicht erzwungen werden.

- Entdecken Sie alte Freunde wieder. Gibt es vielleicht jemanden aus Ihrem alten Bekanntenkreis, mit dem es schön wäre, sich wieder einmal zu treffen? Zwar lassen sich alte Freundschaften nicht immer wieder aufwärmen, aber es kann für beide Seiten ein schönes Erlebnis werden, sich wiederzusehen. Menschen verändern sich, und es ist spannend, alte Freunde neu kennenzulernen.
- Schalten Sie eine Freundschaftsanzeige, in der Sie kundtun, dass Sie jemanden suchen, mit dem Sie zum Beispiel die Stadt, Kulturszene oder Natur entdecken möchten. Lassen Sie sich überraschen, wie viele Menschen ebenfalls nach netter Gesellschaft suchen. Aus einer lockeren Bekanntschaft kann so vielleicht eine Freundschaft wachsen.

- Gründen Sie einen Gesprächskreis. Finden Sie drei oder vier Menschen, die ebenfalls Austausch suchen. Treffen Sie sich regelmäßig und diskutieren Sie zum Beispiel über interessante Themen, gute Bücher oder Reiseerlebnisse. Auf diese unverfängliche Weise lernen Sie sich schnell kennen und es können echte Freundschaften entstehen.

Netzwerke

Einzelkämpfer haben es schwer – das ist nichts Neues. Speziell wenn es um berufliche Vorteile geht, fällt es vielen Frauen schwer, dieses

Wissen in Form von Kontaktpflege und Networking auch in die Tat umzusetzen. Männer organisieren sich schon seit Jahrhunderten in Seilschaften. Diese Art der Gruppenbildung ist nichts Neues in der Geschichte der Menschheit, sondern vielmehr ein uraltes Erbe. Schon unsere jagenden Vorfahren waren vor Millionen Jahren in Gruppen unterwegs. Auf diese Weise konnten größere Tiere erlegt werden, an denen ein Einzelner zwangsläufig gescheitert wäre.

Ob im Job oder privat – wer Erfolg haben will, braucht ein Netzwerk an Beziehungen. Doch gerade das Knüpfen von Kontakten mit System fällt Frauen schwer. Immer noch haben viele Probleme damit, sich offen zu ihren Wünschen zu bekennen, oder Skrupel davor, Bekannte scheinbar nur zum eigenen Vorteil »auszunutzen«. Wir investieren lieber Zeit und Kraft in die Optimierung unseres Wissens und Könnens, statt kleine Hilfen in Anspruch zu nehmen. Schade, denn wer seine Mittel nicht zum eigenen Zweck einsetzt, lässt viele gute Chancen ungenutzt verstreichen. Überwinden Sie diese Bescheidenheit, überwinden Sie Ihre innere Hemmschwelle und handeln Sie selbstbewusst.

Mittlerweile schließen sich immer mehr Frauen in Netzwerken zusammen, um von den intensiven Kontakten und der gegenseitigen Unterstützung zu profitieren. Dieses moderne »Networking« ist die Nachbarschaftspflege unserer heutigen Gesellschaft und hat durchaus seine positiven Seiten, zum Beispiel einen steigenden »Vitamin-B-Haushalt« und einen einfachen Zugang zu mehr Informationen und besseren Möglichkeiten.

Netzwerke können die wachsenden Unsicherheiten in Beruf und Privatleben kompensieren und das Selbstvertrauen heben.

Ihre Kontakte

Wenn Sie mithilfe von Kommunikation Ihre Probleme lösen wollen, sind Sie auf Netzwerke angewiesen. Dabei handelt es sich nicht unbedingt um Geheimzirkel, Seilschaften, Familienfilz oder Kumpelclans, sondern schlichtweg um die Anzahl von Kontakten, auf die Sie zurückgreifen können: Menschen, die Ihnen persönlich bekannt sind, oder Mitglieder eines Klubs oder einer Gemeinschaft, die Ihnen mit Auskünften oder konkreter Hilfe zur Verfügung stehen können. Bauen Sie sich deshalb gezielt Ihr »Netzwerk« auf.

Prüfen Sie dabei genau: Was will ich erreichen? Wo soll es hingehen? Was verspreche ich mir von dem Netzwerk? Was kann ich selbst einbringen? Werfen Sie Ihre eigenen Netze möglichst weitläufig aus. Beschränken Sie sich nicht auf einzelne »Angellöcher«. Wer weiß, wozu einem Kontakte nützen, die auf den ersten Blick vielleicht wenig Erfolg versprechend scheinen. Bis ein intelligent geknüpftes Netzwerk trägt, dauert es etwa zwei Jahre. Im Idealfall setzt es sich aus Leuten verschiedenster Bereiche und mit den unterschiedlichsten Fähigkeiten zusammen. Die einen verfügen vielleicht über Informationen, an die Sie sonst nicht herankämen, andere öffnen Ihnen Türen, die Ihnen zuvor verschlossen blieben. Überlegen Sie, welche Kontakte für Ihr Netzwerk nützlich wären.

Die wichtigste Faustregel: Ein Netzwerk sollte immer in Zeiten aufgebaut werden, in denen es uns gut geht.

Gehen Sie ruhig zu der einen Freundin, um sich auszusprechen, wenn die Seele brennt, zu der anderen als dem perfekten Medium für Klatsch und Tratsch. Nicht zu vergessen Bekannte für gemeinsame Unternehmungen, Babysitter, Schul- und Studienfreunde, Kumpels mit speziellen praktischen Begabungen und lockere Geschäftskontakte. Wenn Sie einmal in Ruhe nachdenken, kommen Sie unter Umständen auf mehrere hundert Kontaktmöglichkeiten:

durch Ihre Arbeit, Ihren Freundes- und Familienkreis, die Mitgliedschaften in Sport- oder sonstigen Vereinen, durch Ihre Kinder, den Hund usw.

Geben und Nehmen

Wer erfolgreich sein möchte, baut sein Netzwerk permanent aus und nutzt es auch. Denn erst dadurch erhält es seinen Sinn und bleibt keine fiktive Größe. Bei regelmäßiger Nutzung wissen Sie auch, wie und auf wen Sie sich besonders verlassen können. Suchen Sie Ihre individuellen Wege, um auf unaufdringliche Weise Ihr Netz zu vergrößern bzw. zu verdichten. Hier gilt das einfache Prinzip: »Wer hilft, hat eine größere Chance, auch selbst Hilfe zu bekommen.« Nur wenn Sie bereit sind, Ihre Erfahrungen zu teilen und Zeit zu investieren, können andere davon profitieren und umgekehrt.

Wenn Sie das »Netzwerken« wörtlich nehmen (was Sie auch tun sollten), warten auf Sie im besten Fall: ehrlicher Austausch über Probleme, Wissenstransfer zwischen Anfängern und alten Hasen, der Blick über den eigenen Tellerrand sowie ein starkes und tragendes Beziehungsgeflecht, das sich besser mit »Geben und Nehmen« als mit dem Begriff »Ausnutzen« beschreiben lässt.

Gute Beziehungen

Der große Nutzen eines Netzwerkes liegt darin, dass es mit hoher Wahrscheinlichkeit meist irgendjemanden darin gibt, der eine Lösung für eines Ihrer Probleme parat hat. Doch bereits die Möglichkeit, mit anderen Menschen über seine Fragen sprechen zu können, wird motivierend und hilfreich sein. Erfahrene Netzwerkexperten wissen, dass es sinnvoll ist, regelmäßig Orte aufzusuchen, an denen viele Informationen umgeschlagen werden. Fast legendär zu nennen sind firmeninterne Treffpunkte wie der Standort der Kaffeemaschine oder das Sekretariat ... Erkennen Sie jetzt, wie aus diesen Verbindungen ein Job oder eine Verbesserung im beruflichen Umfeld für Sie entstehen könnte? Gehen Sie einfach einmal im Kopf Ihre Kontakte durch. Wer könnte hilfreich sein? Dann heißt es, ohne Scheu gezielt denjenigen oder diejenige anzusprechen, denn Netzwerke können nur für denjenigen nützlich sein, der seine Fragen oder Probleme auch formulieren kann und keine Angst davor hat, um fremde Hilfe zu bitten. Das gilt auch im umgekehrten Sinne: Geben auch Sie, wenn Menschen Sie um Ihre Unterstützung bitten.

Bieten Sie Ihre Kontakte und Kooperation an, und helfen Sie anderen gerne weiter.

Diese anderen werden mit Sicherheit, wenn es nötig ist, auch an Sie denken. Wer schon oft genug Gelegenheit hatte zu helfen und wem schon oft geholfen wurde, wird dies auch wieder tun, weil er weiß, dass Geben und Nehmen zum menschlichen Austausch gehört.

Konflikte lösen

Haben Sie auch Haare auf den Zähnen oder sind Sie eine Xanthippe? Ist mit Ihnen nicht gut Kirschen essen oder waschen Sie gern schmutzige Wäsche? Sprache ist verräterisch, und dementsprechend scheinen diejenigen, die gern Konflikte austragen, in unserer Gesellschaft eher verpönt zu sein. Die österreichische Schriftstellerin Marie von Ebner-Eschenbach brachte das Geheimnis von Kontroversen auf den Punkt, als sie meinte: »Nicht jene, die streiten, sind zu fürchten, sondern jene, die ausweichen.« Lassen Sie sich also nicht davon abhalten, mutig zu sein, und versuchen Sie weiterhin, Konflikte zu lösen. Denn Schweigen, Verdrängen und Kleinbeigeben bringen Sie in der Regel nicht weiter.

Ein guter Streit kann wie ein Gewitter sein, das die Luft in einer Beziehung reinigt.

Konflikte – vom lateinischen Wort confligere = zusammenstoßen – entstehen immer dort, wo unterschiedliche Meinungen, Wünsche und Interessen aufeinanderprallen und wo somit eine Weiterentwicklung stattfindet.

Ihre große Chance

Es muss ja nicht immer um fundamentale Fragen à la die einzige Wasserstelle in der Wüste, der richtige Glaube oder die einzig wahre Lebenseinstellung gehen. Schon die Begriffe »Streit« und »Konflikt« allein genügen, um für ein unangenehmes Gefühl zu sorgen und Gedanken an Ärger und Spannung zu wecken. Vielen Menschen gelingt es nicht selbstverständlich, Konflikten etwas Positives abzugewinnen. Oft aufgrund leidvoller Erfahrungen oder einem tieferen Bedürfnis nach Harmonie.

Haben Konflikte überhaupt etwas mit Selbstvertrauen zu tun? Ja, denn sie sind immer auch eine Chance, eine andere Sichtweise der Dinge kennenzulernen. Wenn es Ihnen gelingt, Meinungsverschiedenheiten nicht als Störfaktor zu betrachten, können Sie großen Nutzen daraus ziehen:

- Sie erkennen, was in einer bestimmten Situation oder Beziehung nicht optimal läuft. Auf diese Weise motiviert Sie der Konflikt zu Veränderungen.
- Sie lernen sich in Stress- und Konfliktsituationen selbst am besten kennen, da Sie verstehen, was Sie verletzt, was Sie ärgert oder was Ihnen wichtig ist – auf dieser Basis entwickeln Sie »Selbst-Bewusstsein«.

- Sie erkennen, dass man Sachverhalte völlig unterschiedlich einschätzen kann – das schenkt Ihnen eine klarere Sicht auf die Dinge und mehr Toleranz und Flexibilität im eigenen Denken.
- Sie erweitern Ihr Verhaltensrepertoire, was Schlagfertigkeit, Einfühlungsvermögen und Verhandlungsgeschick angeht.
- Sie kommen auf neue kreative Lösungen, weil Sie Ihre Entscheidungen sorgfältig überlegen müssen.

Mut zur Auseinandersetzung

Welche fatale Gemeinsamkeit haben Konflikte und Hefeteig? Lässt man sie ruhen, wachsen sie auf ein Mehrfaches ihrer ursprünglichen Größe an. Daher empfiehlt es sich, Konflikte so früh und so offen wie möglich anzusprechen. Mit Ihren Worten können Sie einen Veränderungsprozess einleiten. Schwelende, unausgesprochene Konflikte dagegen fordern nur Zeit, Ärger und häufig auch Geld. Sie belasten unnötigerweise das Zusammenleben und können folgenschwere Auswirkungen auf Ihre Gesundheit und Psyche haben.

Konflikte, die nicht ausgetragen werden, sind wie Gespenster: unsichtbar und deshalb umso bedrohlicher.

Wenn Sie erst einmal gelernt haben, Konflikte als Chancen für neue Entwicklungen und Veränderungen zu sehen, sichern Sie sich einen unschätzbaren Vorteil: Sie sind nicht mehr gezwungen, die Flucht zu ergreifen, sobald sich eine Auseinandersetzung anbahnt, sondern können sich ihr selbstbewusst stellen. Dadurch greifen Sie frühzeitig ins Geschehen ein und sind vielleicht sogar in der Lage, eine gute Gesprächsatmosphäre und konstruktive Lösungen zu schaffen.

Drei Stufen

»Auge um Auge führt nur zur Blindheit«, so Mahatma Gandhi. Bei Streitigkeiten, für die eine Chance auf Lösung besteht, geht es fast immer um konkrete Dinge, die an bestimmte, überschaubare Situationen gebunden sind. Konflikte jedoch entzünden sich vor allem an vagen Formulierungen, zum Beispiel wenn wir um den heißen Brei herumreden, uns in Andeutungen ergehen oder uns subtile Vorwürfe machen, statt offen zu reden. Selbst wenn Streiten mittlerweile zu unserer Alltagskommunikation gehört, bedeutet dies nicht, in Konfliktfällen und Streitsituationen stets nach dem Motto »Der Klügere gibt nach« zu verfahren. Versuchen Sie es stattdessen doch einmal so:

- Argumentieren Sie trotz angespannter Gesprächslage stets höflich und sachlich. Nur so bleibt die Option auf eine Lösung bestehen.

- Beharrt Ihr Gegenüber auf seinem Recht, haben Sie eine Entweder-oder-Situation: Gehen Sie in diesem Fall mit Fragen auf die Argumente des Gegenspielers ein. Signalisieren Sie Redebereitschaft statt Sturheit.
- Kristallisiert sich heraus, dass der Konflikt nicht gemeinsam gelöst werden kann (wenn die Stimmen laut und die Gesten aggressiv werden), gibt es drei Möglichkeiten: 1. einen neutralen Ratgeber hinzuziehen, 2. sich auf eine lautstarke Auseinandersetzung einlassen (Achtung: Dieser Schritt führt in den seltensten Fällen zum Erfolg!), 3. Ihr Gesicht wahren und das Gespräch beenden.

Win-win-Lösungen

Bei einem konstruktiven Streit werden die unterschiedlichen Standpunkte der Parteien akzeptiert und es wird gemeinsam nach möglichen Lösungen gesucht. Klären Sie mit Ihrem Kontrahenten zunächst, worin die Meinungsverschiedenheit besteht und welche unterschiedlichen Wünsche hinter dem Konflikt stehen. Nun könnten Sie den Königsweg der Konfliktlösung beschreiten, bei dem jeder Part das Gefühl hat zu profitieren. Dies sind die sogenannten Win-win-Lösungen. Da Konflikte und Uneinigkeiten bei Meinungen, Kompetenzen und Interessen im beruflichen wie im privaten Umfeld etwas Natürliches sind, sollten Sie es immer zuerst mit fairem Verhandeln versuchen. Eine harmonische Grundstimmung kann erst dann entstehen, wenn ein gemeinsamer Nenner gefunden wird oder Lösungen, mit denen der Großteil der Betroffenen einverstanden ist. Nehmen Sie sich Zeit für die Auseinandersetzung und lassen Sie Außenstehende aus dem Spiel. Wenn möglich, versuchen Sie, dieser Gesprächsstruktur zu folgen: Machen Sie sich gegenseitig Ihre Absichten, Ihren Ärger, Ihre Verletzung etc. klar. Dabei müssen sich die Konfliktparteien jeweils gut zuhören und bei Bedarf konkret nachfragen. Stellen Sie einen klaren Bezug zu Ihrer Situation her und sprechen Sie von konkret wahrnehmbaren, zeitlich und räumlich nachvollziehbaren Sachverhalten.

Wertvolle Spielregeln

Muss man sich alles gefallen lassen? Darf man gewisse Dinge auch mal kommentieren und sich wehren? Ja, man darf und sollte dies sogar tun. Denn Menschen, die nie Widerstand bieten oder ihn formulieren, werden nicht respektiert. Doch wenn Sie einen Konflikt lösen wollen, sollten Sie a) genau wissen, worum es wirklich geht, und b) die möglichen Wurzeln des Konflikts im Hinterkopf behalten. Diese können in der Vergangenheit liegen oder die Wirkung von Geschehnissen sein, die gar nichts mit der momentanen, schwierigen Situation zu tun haben. Erfahrungen, Ängste und Hoffnungen spielen dabei eine große Rolle. Hier nun einige praktische »Spielregeln«:

- So viel wie möglich mit der aufgebrachten Person kommunizieren und versuchen, sie zu verstehen. Mit »W-Fragen« (wie, warum, was, wozu) können Sie mehr über die Absichten des Gegenübers herausfinden. Und über das aufmerksame, aktive Zuhören lässt sich meist eine gemeinsame Basis finden. Sie lernen Ihr Gegenüber besser kennen, indem Sie zunächst Ihre eigenen Meinungen und Reaktionen zurückstellen.

Zwei Ohren und eine Zunge, deshalb höre zweimal so viel, wie du sprichst.
Zenon von Elea

- Sinnvoll ist es, sich verständnisvoll für die Beschwerden oder Angriffe zu zeigen. So signalisieren Sie, dass Sie bereit sind, sich auf die Sichtweise des anderen einzulassen.
- Stellen Sie das Problem in den Mittelpunkt und versuchen Sie, mit Sachargumenten und Fakten zu überzeugen. Bleiben Sie offen für überzeugende Argumente der Gegenseite.
- Da die Emotionen oft hohe Wellen schlagen, können Sie in den seltensten Fällen mit einem ruhigen, fairen Gegenüber rechnen. Ärgern Sie sich nicht, bleiben Sie cool.

Einfach Nein sagen

Wenn Sie jemand um einen Gefallen bittet, können Sie nicht Nein sagen? Lassen Sie sich zu Dingen überreden, die Ihnen zuwider sind, wenn man Sie lange genug bekniet oder unter moralischen Druck setzt? Bleiben bei Ihnen oft eigene Angelegenheiten liegen, wenn jemand mit einem Problem zu Ihnen kommt? Haben Sie das Gefühl, sich mehr um andere zu kümmern, als die andern sich um Sie sorgen? Ein klarer Fall von Zu-nett-Sein!

Zu-nett-Sein ist wie ein Tarnmantel und schützt vor harten Auseinandersetzungen, Kritik und Ablehnungen. Wer seine Bedürfnisse für sich behält, erfährt auch keine laut geäußerte Zurückweisung. Prima – oder doch nur ein trügerischer Friedensgewinn? Ein freundliches, Grenzen setzendes Nein kann manchmal auch wahre Wunder wirken, denn es wird in der Regel akzeptiert – auch wenn viele Menschen genau das Gegenteil befürchten. Wohlgemerkt, freundlich sollte die Absage sein, was heißt, dass Sie deswegen nicht nachgeben. Zeigen Sie ruhig Verständnis für das Anliegen, das Sie ablehnen. Nur weil eine Bitte berechtigt erscheint, brauchen Sie diese noch lange nicht zu erfüllen.

Zeigen Sie Profil

Wer Nein sagt, weil er zu seinen eigenen Bedürfnissen und Prinzipien steht, riskiert, als Egoist dazustehen, Leute vor den Kopf zu stoßen oder sie sogar zu verletzen. Dies ist unsere häufige Befürchtung.

Einfühlsamkeit, Sensibilität, Sanftheit, Takt: Dank dieser typisch weiblichen Eigenschaften fällt es gerade Frauen besonders schwer, Nein zu sagen, wenn sie Nein meinen.

Wesentlich beim Neinsagen ist das richtige Maß. In Zukunft grundsätzlich alle Wünsche der Mitmenschen abzulehnen und nur auf die eigenen Vorteile bedacht zu sein, kann ebenfalls ziemlich unvorteilhaft sein. Natürlich kann das klare Aussprechen eigener Ansprüche Konflikte mit dem einen oder anderen Bekannten oder Kollegen bedeuten, doch langfristig gesehen wächst der Respekt, den die anderen Ihnen erweisen. Zeigen Sie Ihr Profil und Sie werden als Persönlichkeit akzeptiert.

Zum Neinsagen gehören Stärke, Mut und Selbstvertrauen.

Everybody's Darling?

Stellen Sie sich diese Situation vor: Endlich steht es da, Ihr heiß ersehntes, funkelnagelneues Auto. Sie können es gar nicht erwarten, einzusteigen und loszufahren. Da kommt von Ihrer besten

Freundin ein leises: »Kann ich auch mal eine Runde fahren?« Sie wissen genau, dass Sie leiden, wenn jetzt jemand anders am Steuer Ihres Traumautos sitzt. Schaffen Sie es, ihr eine Abfuhr zu erteilen? Was uns das Abschlagen einer Bitte so schwer macht, sind meist unsere Was-wäre-dann-Gedanken und -Befürchtungen. Anstatt unsere wahren Gründe zu nennen, winden wir uns und greifen zu Ausflüchten oder Notlügen. Der Wunsch, beliebt und anerkannt zu sein, verleitet uns zu faulen Kompromissen und vorschnellem Nachgeben, wo ein entschlossenes »Stopp« angebracht wäre.

Wenn Sie stets Everybody's Darling sein wollen, machen Sie sich extrem von anderen und deren Akzeptanz abhängig.

Damit schaden Sie Ihrem Selbstwert. Menschen, die ihre Bedürfnisse und Wünsche ständig hintanstellen, werden nur selten wirklich geachtet. Meist nutzt man sie ganz einfach aus und betrachtet ihr Entgegenkommen als selbstverständlich. Lernen Sie deshalb, Nein zu sagen, und erfüllen Sie nicht in erster Linie die Bedürfnisse Ihrer Umgebung, sondern Ihre eigenen.

Praktische Nein-Tricks

Verspüren Sie auch so ein Grauen vor den Konsequenzen Ihres Neins? Ohne dass Sie sich diese einmal realistisch vor Augen geführt hätten? Aus Angst, nicht mehr gemocht zu werden, schluckt man ablehnende Worte hinunter, statt sie auszusprechen. Beim Versuch, es dem Chef, dem Partner, Freunden und Kollegen recht zu machen, schlittern Sie ganz allmählich in ein großes Dilemma mit dem Ergebnis: Sie werden zur Marionette Ihrer Umwelt. Das können Sie vermeiden. Werden Sie sich Ihrer Bedürfnisse bewusst. Mit diesen Ideen können Sie lernen, Ihre Wünsche deutlich zu formulieren:

- Versuchen Sie sich beim Neinsagen im Beruf auf die sachlichen Aspekte zu beschränken und auf emotionale Faktoren komplett zu verzichten.
- Erkennen Sie die wechselseitigen Erwartungshaltungen zwischen Ihnen und Ihrem Gesprächspartner und machen Sie mit diesem Wissen Ihre Absichten klar.
- Bewahren Sie Ihre Haltung und Ihren klaren Kopf. Sie können entschlossen für die eigenen Interessen eintreten, ohne den anderen zu verletzen.
- Geben Sie sich und dem anderen Zeit.
- Zeigen Sie durch eine selbstbewusste Körpersprache, wie aufrechte Haltung, feste Stimme oder Blickkontakt, dass Sie in keiner Weise an sich zweifeln.

Fünf Trainingsschritte

Ganz wunderbar: Sie träumen manchmal von einer Welt voll Harmonie und Verständnis. Man kann sich auf Sie verlassen und Sie haben immer Zeit. Wie aber wollen Sie es schaffen, Abstand zu gewinnen und nicht unter der Last der Anforderungen anderer zu versinken? Indem Sie das Neinsagen trainieren und Schritt für Schritt üben. Entdecken Sie dabei die Fähigkeit, auch unter Druck die eigenen Interessen zu vertreten. Hier folgen fünf Trainingsschritte, um dieses Ziel zu erreichen:

1. Überlegen Sie genau, ob Sie Zeit haben, bevor Sie eine Zusage machen. Stellen Sie sich die Frage, ob Sie es gerne tun oder nur, weil Sie dem anderen eine Freude machen wollen. Wenn Sie sich überrumpelt fühlen, bitten Sie um Bedenkzeit. Wenn Sie sich sofort entscheiden müssen, atmen Sie tief durch und zählen Sie innerlich bis zehn. Währenddessen spulen Sie dieses Programm ab: Denken, Überlegen, Sachverhalt wiederholen, Pause, Nein. Ihrer Ablehnung schicken Sie eine kurze und sachliche Begründung hinterher.
2. Lassen Sie sich nicht von Lob und Komplimenten beeindrucken. Nehmen Sie sie dankend entgegen und freuen Sie sich darüber.

Hilfe oder Ratschläge im Gegenzug bieten Sie nur an, wenn Sie gefragt werden. Überlegen Sie, ob Sie in der Lage sind, die gewünschte Aufgabe zu erledigen, und sagen Sie ab, wenn kein Spielraum vorhanden ist. Prüfen Sie den Wunsch oder das Anliegen wohlüberlegt.

3. Sagen Sie »intelligent« Nein, indem Sie Ihre Ablehnung mit der gleichzeitigen Empfehlung einer Alternative verbinden.
4. Sprechen Sie über Ihre Bedürfnisse, und zwar immer in der Ich-Form. Bleiben Sie in der Diskussion konsequent. Bekunden Sie klar und deutlich Ihre Meinung und sagen Sie notfalls: »Ich möchte darüber nicht diskutieren.« Beim Neinsagen, so empfiehlt der Schweizer Kommunikationsberater Marcus Knill, gelte das Harvard-Konzept: Hart in der Sache, aber freundlich im Ton.

5. Haben Sie sich für ein Nein entschieden, dann entschuldigen Sie sich nicht lang und breit. Sparen Sie sich Rechtfertigungen, Ausreden oder Notlügen. Zu lange Erklärungen wirken unglaubwürdig und versetzen den Fragenden in die bessere Position. Vergessen Sie nicht, dass er es ist, der etwas von Ihnen will, und nicht umgekehrt.

Inspirationen

Inspirationen mobilisieren Ihre geistigen Kräfte und bringen neue Ideen hervor. Finden Sie heraus, wie Sie sich vom Trübsinn verabschieden und was Ihre Glücklichmacher sind. Lernen Sie die Quellen Ihrer Lebensfreude kennen. Mit Streicheleinheiten für die Seele sollten Sie sich ab und zu etwas Gutes tun: Ihr wunderbares Lachen aktivieren und auch Ihre Selbstachtung.

Bye-bye, Blues!

»Ein zufriedenes Gemüt ist ein unaufhörliches Fest«, heißt es im englischen Volksmund. Zufriedenheit gibt es nicht in Einheitsgrößen. Um echte Erfüllung zu finden, müssen Sie schon Ihr eigenes »Schnittmuster« verwenden, das zu Ihrer ganz individuellen Form von Zufriedenheit passt. Jedermann denkt, er wüsste, was ihn glücklich macht: ein Gewinn im Lotto, fünf Kilo abnehmen, jeden Morgen neben George Clooney aufwachen … Tatsächlich jedoch bedeuten diese allgemeinen Vorstellungen von Zufriedenheit nicht viel. Genau so, wie sich Ihre DNA von der Ihrer Nachbarin unterscheidet, so spezifisch sind auch Ihre Wohlfühlauslöser.

Nur wenn wir wirklich erfüllt sind, können wir uns glücklich und zufrieden fühlen.

Diese Zufriedenheit ist es, die das meiste aus dem macht, was wir wahrhaftig sind, und die bewirkt, dass wir auch in der Lage sind, uns zu begeistern. Können Sie sich noch daran erinnern, wann Sie das letzte Mal Ihre momentane Tätigkeit unterbrochen haben und sich dachten: »Ich bin echt glücklich«? Ist es nicht so, dass für die meisten von uns das Glück größtenteils nur im Rückblick existiert? Zurückschauend identifizieren wir Phasen oder Ereignisse, in denen wir uns ehrlich glücklich fühlten, dies aber damals gar nicht registrierten. Weshalb erhöhen wir nachträglich manche nur durchschnittliche Stunde zum glücklichen Moment? Weil die Konflikte von damals ausgestanden sind. Die Unsicherheiten und quälenden Gefühle von einst wirken nicht mehr. Dadurch erscheint zum Beispiel die Kindheit als harmonische Idylle. Die Gegenwart mit ihren Spannungen und unausgestandenen Problemen dagegen wirkt wie ein Verlust an Ruhe und Geborgenheit.

Glücklichmacher

Regen, der ans Fenster klopft. Der Duft von gemähten Wiesen. Mit dem Lieblingsbuch in der Badewanne. Warmes Brot, frisch vom Bäcker. Die Katze auf dem Schoß: Was verschafft Ihnen das Gefühl: »Ich bin glücklich«?

In schwierigen Zeiten heitern Sie sich mit besonders vielen kleinen Glücklichmachern auf.

Alles, was Sie mit wenig Aufwand für ein paar Minuten strahlen lässt, sollten Sie auf eine Liste schreiben, die Sie regelmäßig aktualisieren. Oder Sie ergänzen diese Punkte in Ihrem Glücksbuch (siehe Seite 57). Auf diese Weise bleiben Sie Ihren kleinen Glücklichmachern gegenüber wach und können sie nutzen, sooft Sie sie brauchen.

Zu warten, dass andere das für Sie tun, dauert viel zu lange oder passiert schlichtweg nicht. Sie sollten sich angewöhnen, Ihre Zufriedenheit im Hier und Jetzt zu schätzen, denn es kommt nicht so sehr darauf an, was, sondern wie man etwas erlebt.

Wie können Sie erkennen, was in Ihrem Leben wirklich funktioniert? Notieren Sie doch im Laufe der nächsten Woche acht bis zehn kleine Dinge, für die Sie wirklich dankbar sind. Überlegen Sie dabei, welche Ereignisse tatsächlich ein kleines Glücksgefühl hervorgerufen haben. Auch wenn es für Sie zum Beispiel eine große Erleichterung war, dass Ihr Auto die TÜV-Inspektion passiert hat, ist dies eigentlich nichts, was Ihren persönlichen Glücksnerv berührt. Konzentrieren Sie sich stattdessen auf Gelegenheiten, die Sie sich wirklich gut fühlen ließen – ein kleines Lob, wenn Sie etwas erreicht haben, das Lächeln Ihres Kollegen über Ihren lustigen Kommentar, Ihr Treffen mit Freunden ... Auf diese Weise erkennen Sie, wie gut die Dinge im Moment stehen, womit Sie sich ganz erfüllt fühlen und was Sie vor Zufriedenheit strahlen lässt.

Gute Laune in drei Schritten

Meistens wissen Sie ganz genau, was Sie verärgert. Oder nicht? Diese drei überraschend simplen Schritte mit dazugehörigen Fragen holen Sie in fünfzehn Minuten aus Ihrem Stimmungstief heraus und helfen Ihnen dabei zu ergründen, was wirklich los ist:

Entschlüsseln Sie Ihre Gemütslage:

- Was nervt Sie wirklich? Sie sind reizbar und traurig, aber wissen eigentlich nicht warum? Gehen Sie gedanklich durch, was zuvor am Tag oder in der Woche alles passiert ist, und zwar so weit, bis Sie auf etwas stoßen, das in Ihnen einen Nachhall erzeugt. So finden Sie das zugrunde liegende Problem und können versuchen, es zu beheben.
- Weichen Sie dem echten Problem aus? Natürlich ist es praktischer, die schlechte Laune auf den Verkehrsstau zu schieben als beispielsweise auf Ihre Liebesbeziehung. Beschleicht Sie das Gefühl, noch nicht an der Wurzel des Problems zu sein, ist vermutlich etwas Größeres im Gange, was Sie nicht ansprechen wollen. Wenn Sie das akzeptieren, weicht der Druck etwas.

Beruhigen Sie sich und sorgen Sie für einen klaren Kopf:

- Zeichnen Sie ein Kuchendiagramm auf mit so vielen Kuchenstücken wie Dinge, die Sie aufregen. Schreiben Sie dort alles hinein, auch so Banales wie den Dauerregen. Indem Sie Ihre Befürchtungen zu Papier bringen, klärt sich vieles, und Probleme können leichter identifiziert und gemanagt werden.

- Versuchen Sie, zehn Minuten körperlich aktiv zu sein, zum Beispiel bei einem schnellen Spaziergang, etwas Stretching oder Yogaübungen. Das unterbricht Ihre Grübeleien und hebt die Stimmung.
- Suchen Sie sich einen ruhigen Platz und setzen Sie ein Lächeln auf. Konzentrieren Sie Ihr Denken allein auf das Aufrechterhalten dieses Lächelns, mindestens eine Minute lang. Sie werden merken, wie sich Ihre Laune spürbar bessert.

Entwerfen Sie eine Strategie, um anschließend wieder gute Laune zu bekommen:

- Zeit für eine Liste mit Dingen, die Ihnen helfen, sich besser zu fühlen, zum Beispiel Blumen an Ihren Freund zu schicken oder mittags ins Fitnessstudio zu gehen. Nummerieren Sie Ihre Vorhaben in der Reihenfolge, in der Sie sie umsetzen wollen. Sie bringen sich selbst damit in einen Lösungsmodus statt im Ärger zu verharren.

- Schließen Sie für ein paar Minuten die Augen und stellen Sie sich den Idealzustand bildlich vor. Diese Technik ist für Sie wie eine Generalprobe. Denken Sie nach dem Streit mit Ihrer Schwester zum Beispiel daran, wie ein Versöhnungsessen im Lieblingsrestaurant aussehen könnte. Die Erinnerung an Ihren Disput wird so durch ein Bild der Harmonie und Freude ersetzt.

Nach vorn blicken

Wir beurteilen unsere Vergangenheit immer vom Standpunkt der Gegenwart. Die Vergangenheit ist klar, da bekannt, die Zukunft ein unsicheres Feld voller möglicher Gefahren. Jeder Schritt, den Sie mutig nach vorn, ins Unbekannte, tun, bedeutet loslassen und einen Abschied vom Gewohnten, dessen Sicherheit und Geborgenheit. Loslassen bedeutet auch, dass Sie sich Schritt für Schritt neuem Glück öffnen.

Ob wir imstande sind, glückliche Augenblicke zu erleben, ist eine Frage, die die Philosophen seit der Antike beschäftigt. Diese Fähigkeit hängt eng mit der Erwartungshaltung zusammen, mit der wir unseren Alltag meistern. So wie der Weg zu innerer Freiheit und Selbstvertrauen über uns selbst, unser Handeln und Denken, führt, kann auch der Weg aus einer negativen Denk- und Verhaltensweise nur über uns selbst führen. Was könnte das praktisch bedeuten? Das Bewusstmachen und die aktive Auseinandersetzung mit der eigenen Persönlichkeit und der

Situation. Wie so oft ist auch hier Selbsterkenntnis der erste Schritt zur Besserung. Häufig ist es nämlich nur die falsche Sichtweise, die unserem gelungenen Tag, unserer guten Stimmung, unserem Glücksgefühl entgegensteht. Besonders in schwierigen, aufgeladenen Situationen kann eine Änderung der Perspektive viel bewirken.

- Leben Sie aktiv statt passiv. Gehen Sie Ihre Probleme an, statt untätig darüber nachzugrübeln. Denn nur wenn Sie selbst etwas unternehmen, werden Sie Lösungen finden.
- Hoffen Sie auf das Beste, statt das Schlimmste zu befürchten. Denken Sie an das Gute, das Sie bereits haben, statt an das Unmögliche, das nur schwer erreichbar scheint.
- Gehen Sie unangenehmen Menschen aus dem Weg, Sie können sie nicht ändern.
- Gehen Sie lösbare Probleme Schritt für Schritt und mit Entschlossenheit an. Und akzeptieren Sie unlösbare Schwierigkeiten einfach als einen Teil unserer Wirklichkeit.
- Zürnen Sie nicht über Ärger, Unglück oder Misserfolg. Versuchen Sie, es mit Humor zu nehmen und als Gelegenheit zum Lernen – und lächeln Sie trotzdem. Wenn Sie ganz unten sind, kann es nur besser werden

Nimm dir Zeit

Unsere Zeit wird immer knapper und komprimierter. Wir versuchen, sie optimal zu nutzen, und sind ungeduldiger denn je. Wenn wir aber die Zeit nicht bewusster wahrnehmen, werden wir ihr Opfer. Man ist schnell geneigt, kostbare Freizeit aufzugeben und die Arbeitszeit unverhältnismäßig lang auszudehnen. Darunter leiden dann nicht nur Freunde und Familie, sondern zuallererst man selbst. Wann habe ich mich das letzte Mal so richtig ausgeschlafen? Wenn es mir schlecht geht, wer hört mir zu? Was ärgert mich schon lange und raubt mir Kraft? Wie habe ich mich in den letzten Tagen ernährt? Welche Aktivitäten geben mir Ruhe und Ausgeglichenheit? Wenn Ihre Gedanken immer häufiger um Fragen wie diese kreisen, dann ist es höchste Zeit, Ihr Zeitkorsett zu lockern.

Alles hat seine Zeit: Winter und Sommer, Herbst und Frühling, Jugend und Alter, Wirken und Ruhe.

Johann Gottfried von Herder

Greifen Sie den rechts stehenden Gedanken von Herder ruhig auf. Nehmen Sie sich Ihre Zeit, streifen Sie die Zwänge der vielen Termine ab und hören Sie mehr auf die eigenen Bedürfnisse und Wünsche. Es ist Ihre Zeit, die hier vergeht und die Sie kein zweites Mal im Leben erhalten.

Herrin Ihrer Zeit

Warum schalten wir eigentlich unser Selbstwertgefühl mit unseren Leistungen und unserem Maß an Beschäftigtsein gleich? Glauben Sie auch, dass, wenn Sie nicht hart arbeiten oder jeden Moment Ihres Tages füllen, Sie irgendwie nicht gut genug sind, nicht erfolgreich sein werden, nicht glücklich sind oder es gar nicht verdienen? Viele von uns haben sich derart an ein hektisches Dasein gewöhnt, dass es ihnen unmöglich wird, auch nur darüber nachzudenken, ob denn in der Welt da draußen eine Alternative existiert. Unter Stress steigt unsere Krankheitsanfälligkeit, weil die nötige Zeit für Erholung und Entspannung fehlt. Nicht umsonst sprechen Ärzte von der »Hurry sickness«, den seelischen und körperlichen Krankheiten, die durch ständige Hektik verursacht werden.

Sobald Sie Verantwortung für Ihre Zeit übernehmen, übernehmen Sie die Verantwortung für sich selbst.

Je geschickter wir werden im Multitasking, im Immer-noch-mehr-in-unsere-Woche-Quetschen, desto stärker gerät unser Leben aus dem Gleichgewicht. Unser Aktionismus nimmt überhand, und wir verlieren aus dem Blick, was uns wirklich froh und glücklich macht. Wir alle haben die gleichen 24 Stunden am Tag zur Verfügung, was aber eigentlich zählt und worin wir uns von anderen, vielleicht gestressten Menschen unterscheiden können, ist die Qualität, die wir diesen Stunden geben. Wie so oft kommt es auch hier nicht auf die Quantität an.

Hier nun einige Ideen, die Ihnen helfen können, Zeit zu gewinnen, sich zu distanzieren, sich selbst zu behaupten und übergroßen Leistungszwängen zu entgehen.

- Versuchen Sie einmal, dreißig Minuten früher aufzustehen, um etwas nur für sich selbst zu machen. So starten Sie entspannt in den Tag.
- Sagen Sie jeden Tag zu einer Aufgabe Nein, damit verschaffen Sie sich mehr Ich-Zeit.
- Sobald Sie glauben, dass Sie Hilfe brauchen, bitten Sie darum und warten Sie nicht. Sagen Sie Ja, wenn Ihnen Hilfe oder Unterstützung angeboten werden, und lehnen Sie sie nicht aus falscher Bescheidenheit ab.
- Hören Sie auf, die Dinge zu verkomplizieren. Behandeln Sie große und kleine Angelegenheiten einfach, schnell und lösungsorientiert.
- Erkennen Sie, was Sie am besten können, und konzentrieren Sie sich auf diese Talente. Geben Sie alle Arbeiten ab, die Ihnen weniger gut liegen, selbst wenn dies mehr Ausgaben für Helfer bedeutet.

- Sorgen Sie für Ordnung. Eine aufgeräumte Umgebung schenkt Ausgeglichenheit und verhindert hektische Suchaktionen.
- Atmen Sie fünf Minuten täglich tief und konzentriert. Das fokussiert Ihren Geist, steigert Ihr Gefühl von Wohlbefinden und schafft Raum für Persönliches.

Kampf den Zeitfressern

Die Liste der Zeitfresser ist unendlich lang. Doch da ungenutzte Zeit für immer verloren ist, ist etwas Egoismus und Durchsetzungsvermögen durchaus angebracht, wenn zu viele Faktoren Ihre Zeit stehlen. Zu diesen gehören Rechthabereien, Unentschlossenheit, Tratsch, zu viel Geduld im falschen Moment usw. Probate Fragen, um Zeitdiebe zu erkennen und zu eliminieren, sind: Lasse ich mich leicht ablenken? Versuche ich, zu viele Dinge auf einmal zu erledigen? Halte ich mich lange mit Kleinigkeiten auf? Schiebe ich unangenehme Aufgaben vor mir her? Telefoniere ich lange und gern? Kann ich Nein sagen, wenn andere etwas von mir wollen, ich aber zuerst meine Aufgaben erledigen muss? Spreche ich mich so klar mit anderen ab, dass keine Missverständnisse entstehen? Investieren Sie in einen gut strukturierten Zeitplaner – Sie halten sich damit den Rücken wirklich frei.

Quellen Ihrer Lebensfreude

Kennen Sie solche Personen auch? Die schnellen, makellosen und anpassungsfähigen, die unablässig lernen, joggen und weiterkommen? Viele Menschen glauben, ständig etwas Wichtiges tun zu müssen, und vergessen, dass man seine Zeit auch zweckfrei und zwanglos füllen kann. Wenn es Ihnen gelingt, Ihre alltäglichen Beschäftigungen so zu ordnen, dass dabei Freude und Genuss entstehen können, sind Sie auf dem richtigen Weg zu einer gelassenen und freudvollen Lebensgestaltung. Das klingt zwar einfach, erfordert jedoch zunächst wiederum Zeit und Geduld.

Auch Sie haben Vorlieben, die Ihnen Freude machen und die Sie sozusagen mit Leib und Seele ausfüllen. Das sind Ihre Quellen der Lebensfreude, die Sie systematisch nutzen sollten. Diese machen Sie zufriedener und sorgen für Ausgleich. Der eine fühlt sich vollkommen verbunden mit sich und der Welt, indem er Gartenarbeit verrichtet. Der andere holt sich seine Glückshormone beim Laufen. Ihre Möglichkeiten sind ebenso vielfältig wie individuell: Ob Sie ein gutes Buch lesen, musizieren oder malen, kochen, ins Kino, Konzert oder Theater gehen, gemütlich essen gehen, ohne Leistungsdruck Sport betreiben, mit den Kindern im Garten spielen, ohne schlechtes

Gewissen faulenzen, Natur bewusst erleben oder mitten unter der Woche einen Tagesausflug machen. Es ist völlig gleichgültig, mit welchen Tätigkeiten Sie Kraft schöpfen.

Wichtig ist: Reden Sie sich niemals ein, dass Sie für solche Dinge keine Zeit hätten. Sie gestalten Ihre Zeit, nicht umgekehrt.

Vertraue dir selbst

Wer sich stets stark nach außen orientiert, bezieht große Teile seines Selbstwertgefühls daraus, bei anderen (gut) anzukommen. Im Gegensatz dazu suchen Menschen, die bereits über ein gesundes Selbstvertrauen verfügen, das ehrliche Feedback anderer Personen.

Nehmen Sie sich regelmäßig Ihre Auszeit; sie fördert Ihre Fähigkeit zur Muße und Erholung.

»Ein guter Gedanke am Morgen vertreibt Kummer und Sorgen«, sagt der Volksmund. Bereits ein morgendlicher Gedanke, der nur dreißig Sekunden dauert, reicht aus, um Ihre Stimmung für einen ganzen Tag vorzugeben. Da wäre es doch einen Versuch wert, sich morgens eine Minute im Spiegel anzulächeln und sich mit einem »Guten Morgen, ich wünsche dir einen schönen Tag« selbst zu begrüßen. Und schon haben Sie einen Schritt in Richtung Selbst-Coaching getan. Selbst-Coaching bedeutet: Ich finde zu mir selbst.

Ich fühle in mich hinein. Ich finde heraus, was mir guttut. Und ich handle so, dass ich mich wohlfühle. Sie brauchen also keine Trainer oder Coachs, kurzum niemanden, der Ihnen sagt, wie Sie zu sein haben. Seien Sie einfach ehrlich zu sich und gehen Sie offen mit sich um, dann wissen Sie ganz genau, wer Sie sind, was Sie können und wo Sie hinwollen. Glauben Sie an sich und daran, dass Sie alles, was Sie wollen, auch schaffen können. Freuen Sie sich auf das, was kommt, denn es macht Spaß, sich weiterzuentwickeln und neue Dinge im Leben zu entdecken. Seien Sie sich Ihrer selbst bewusst und denken Sie stolz: Ich mache, was ich will. Ich bin, wie ich bin.

Wer erfahren hat, dass er sich auf sich selbst verlassen kann, wird unerschütterlicher.

Glück und Kreativität

Wir alle jagen ihm nach, wir alle wollen es haben – das Glück. Schließlich ist die Frage nach dem Glück so alt wie die Menschheit. Das Streben nach Glück (»pursuit of happiness«) – wie es in der amerikanischen Verfassung genannt und nur dort grundrechtlich jedem Bürger garantiert wird – ist häufig, ohne dass wir es merken, unsere eigentliche Beschäftigung im Leben. Aber ist unser Grad an Frohsinn angeboren? Ist es eine Frage des Erbguts, ob wir zu Aggression, Optimismus oder Grübeleien neigen? In Dostojewskis Roman »Die Dämonen« stellt einer der Protagonisten fest: »Der Mensch ist unglücklich, weil er nicht weiß, dass er glücklich ist.«

Die rosarote Brille

Weshalb sollten Sie ein hundertprozentiger Realist sein? Weshalb die Dinge immer so sehen, wie sie sind? Bewahren Sie unbedingt einen Teil Ihrer kindlichen Illusionen, denn sie können Ihnen das Leben verschönern, können helfen Krisen zu meistern und in der Alltagsroutine Glücksmomente aufspüren. Ausschlaggebend ist das Maß der Illusion – nicht zu groß und nicht zu klein. Glücklich ist, wer seine rosarote Brille gern aufsetzt, dabei aber nie völlig die Bodenhaftung verliert: Eine solche Person besitzt das größte Glückspotenzial. Wer dank seiner optimistischen Vorstellungskraft auf einen guten Ausgang seiner Projekte und Pläne hofft, unternimmt meist auch Anstrengungen, um eine positive Entwicklung zu erreichen. Diese ist oft von Erfolg gekrönt.

Es ist wahr, dass unser Glück von unserer Einstellung abhängt, nicht von Geld und anderen Besitztümern.

Hoffen Sie auf einen Lottogewinn? Und malen Sie sich ein Leben als eleganter Müßiggänger in einer großen Villa im sonnigen Süden aus? Pessimisten dagegen glauben in einer unsicheren Lage nicht an ihre Chancen und bleiben deshalb unter ihren Möglichkeiten. Glückliche Menschen gehen anders mit den Ereignissen um: Sie lamentieren nicht »Warum ich?«, sondern fragen »Wozu ist das passiert?«. Alle, die mit einem kleinen Hauch von Rosarot auf der Brille leben, erfahren sicherlich genauso viele oder wenige Tiefschläge wie andere. Ihr Vorteil jedoch ist, dass sie nicht lange ihr »böses, böses Schicksal« bedauern, sondern sich überlegen, was sie jetzt dagegen tun könnten und welche neuen, positiven Möglichkeiten sich daraus für sie ergeben.

Den Moment bewusst wahrnehmen

Die meisten Menschen sabotieren ihr Glück mit falschen Erwartungen. Da reicht es nicht, einfach nur glücklich zu sein. Am besten möchte man immer noch ein bisschen glücklicher sein als die anderen und mehr Glück haben.

Glück ist eine Emotion der Gegenwart und kann nur im Augenblick wahrgenommen werden. Also lassen Sie Ihre Gedanken nicht so oft zwischen Vergangenheit und Zukunft hin und her pendeln. Suchen Sie zudem nicht das eine ultima-

Ihrem Glück geben Sie die größte Chance, wenn Sie sich darauf einlassen, Momente bewusst wahrzunehmen und im Hier und Jetzt zu genießen.

tive, große Glücksereignis in Ihrem Leben, sondern schwelgen Sie in der Summe vieler kleiner Glücksmomente: das Lachen eines Kindes, der Geschmack frischer Erdbeeren, der Anblick einer Rose, das Wiedersehen mit einem Freund – Anlässe gibt es genügend. Warten Sie nicht darauf, dass Ihnen andere Menschen Glück bereiten, sondern sorgen Sie selbst aktiv dafür, dass Sie lachen, genießen und Freude haben. Je öfter Sie dies tun, umso schneller werden Sie sich auch wirklich glücklich fühlen.

Glück durch Kreativität

Seien Sie kreativ, denn dies ist Seelenpflege pur, und Sie genießen eine ganz besondere Form der Lebensfreude. Es lohnt sich.

Ob Sie malen, Lampenschirme dekorieren, schneidern oder verrückte Marmeladenkreationen erfinden: Wenn es Ihnen gelingt, während Ihrer künstlerisch-kreativen Arbeit in einen selbstvergessenen Zustand zu geraten, können Sie ein echtes Hochgefühl erleben. Lassen Sie sich treiben, folgen Sie spontan Ihren Ideen und vergessen Sie alles um sich herum. Zuvor unüberwindbar scheinende Probleme können sich so wie von selbst lösen und Sie können auch ein Stück Ihrer selbst entdecken. Gehen Sie unbefangen zu Werke. Vergessen Sie die Menschen, die nicht an ihre kreativen Fähigkeiten glauben, negative Kritik fürchten oder wie so oft überhöhte Ansprüche an sich stellen, um gleich etwas Perfektes schaffen zu wollen. Das blockiert nur und schadet dem Selbstvertrauen.

Sechs Strategien für inneres Glück

Glücklichsein ist trainierbar! Welche Verhaltensstrategien erhöhen Ihr subjektives Glück? Auch wenn todsichere Rezepte fehlen, ist alles, was Sie dazu tun müssen, lediglich täglich dafür zu sorgen, dass Sie Grund zur Freude haben. Dann funktioniert der Rest praktisch von selbst:

- Handeln Sie mutig statt zu grübeln. Bei Konflikten etwas zu unternehmen, selbst wenn dies schiefgeht, macht zufriedener, als aus Unsicherheit gar nichts zu tun.
- Formulieren Sie negative Gedanken in positive um. Sätze wie »Das klappt nie« oder »Das schaffe ich nicht« ersetzen Sie durch »Ich probiere es« oder »Wenn es schiefgeht, habe ich zumindest etwas dazugelernt«. Wichtig ist der Blickwechsel, damit sich Ihre Denkgewohnheiten ändern können.
- Lieben Sie, was Sie tun. Tun Sie, was Sie lieben. »Ich soll« und »Ich muss« bestimmen oft unser Leben. Reduzieren Sie Ihre Pflichten

auf ein Minimum und nutzen Sie die freie Zeit für etwas, das Sie als befriedigend empfinden. Ziele und sinnvolles Tun heben Ihr Glücksniveau.

- Sammeln Sie Ihre Erfolgserlebnisse. Notieren Sie von nun an systematisch, was in Ihrem Leben gut lief, und schauen Sie am Wochenende Ihre Wochenbilanz noch einmal an. Loben Sie sich für Ihren Anteil an den Erfolgen.
- Leben Sie kontaktfreudig und gesellig. Gehen Sie unter Leute, veranstalten Sie eine Party, bringen Sie Menschen zusammen. Schauen Sie sich im Fernsehen lieber eine Comedy als ein trauriges Drama an. Noch besser: Rufen Sie gute Freunde an, statt den Abend vor dem Fernseher zu verbringen.
- Geben Sie sich ruhig auch mit dem Zweitbesten zufrieden. Glück und Zufriedenheit hängen eng mit der Fähigkeit zusammen, schätzen zu lernen, was im Augenblick passiert. Aber auch mit der Fähigkeit, stolz auf sich selbst zu sein und sich so zu akzeptieren, wie man jetzt gerade ist. Wer immer nur nach dem Besten strebt, wird nie ans Ziel kommen. Viele unglückliche Menschen sind zwar zufrieden mit dem, was sie haben. Doch das, was sie nicht haben können, ist für sie eine ständige Quelle der Unzufriedenheit. Der Verdacht, irgendwo warte noch ein bes-

serer Job, Gewinn oder Partner, quält permanent. Akzeptieren Sie einfach, dass Sie manche Dinge nicht haben.

Streicheleinheiten für die Seele

Warum ist mir manches so gut gelungen und warum manches nicht? Warum habe ich mich so verhalten und nicht anders? Wie und warum sollte ich so manches ändern? Ab und zu ist es gar nicht so leicht, in unserem hektischen Leben die nötige Gelassenheit aufzubringen. Doch genau dann gilt es, sich den wunderbaren Kleinigkeiten zuzuwenden und achtsamer durchs Leben zu gehen. Sie können nicht immer alles richtig machen, immer dabei sein und möglichst viel schaffen. Wichtiger ist es, dass Sie sich von Zeit zu Zeit etwas Gutes tun. Machen Sie doch einmal einen Termin mit sich und gönnen Sie sich Ihre persönlichen Streicheleinheiten – alles, was Sie gerne tun möchten, wofür Sie aber glauben, keine Zeit zu haben.

Sie sind der Architekt Ihrer eigenen Träume.

Ihr wunderbares Lachen

Ist für Sie Humor auch eine Haltung, um sich mit der Welt auseinanderzusetzen? Um Unschönes weniger wichtig zu nehmen und trotzdem zu lachen? Humorvolle Menschen haben auch heute noch oft die Nase vorn. Jeder sieht gern Leute, die übers ganze Gesicht strahlen. Im besten Fall ist Ihr Lachen so richtig schön ansteckend.

Ein Lächeln signalisiert Offenheit und Kontaktbereitschaft. Auf diese Weise kann es dazu beitragen, beim Umgang mit Fremden das erste Eis zu brechen oder eine gespannte Situation aufzulockern. Sicher kennen Sie die Auswirkungen eines echten Lachanfalls: Ihre Schultern zucken, Ihr Brustkorb bebt, das Zwerchfell hüpft. Über die Atmung wird Sauerstoff in die Adern gepumpt. Ihr Herz schlägt schneller und Ihr Blutdruck steigt, bis er dann ganz langsam wieder abfällt. Da ist es schade, dass Erwachsene im Vergleich zu Kindern eher selten lachen und im Laufe des Lebens das Lachen immer mehr auf der Strecke bleibt. »Lachen und Lächeln sind Tor und Pforte, durch die viel Gutes in den Menschen hineinhuschen kann«, erkannte der deutsche Dichter Christian Morgenstern. Und tatsächlich gilt: Wer lacht, gewinnt. Wie ist das möglich? Das Lachen, seine Gründe und seine Funktion, beschäftigt Dichter und Denker schon seit der Antike. Die moderne Forschung ist heute dabei, die Geheimnisse des Lachens zu entschlüsseln. Die

Gönnen Sie sich regelmäßige Lachanfälle – sie setzen kreative Energie frei, bauen Hemmschwellen ab und sind ein Ventil für angestaute Spannungen.

Lachforscher – sogenannte Gelotologen – untersuchen seine Auswirkungen auf Körper und Geist. Lachen macht nicht nur glücklich, sondern trägt auch zum Abbau von Stresshormonen bei und soll sogar die Immunabwehr stärken. Erwiesenermaßen stimuliert es die Produktion von Glückshormonen. Wenn Sie sich so richtig ausschütten vor Lachen, bewegen Sie bis zu achtzig Muskeln. Und auch Ihre Psyche profitiert davon.

Machen Sie es zu Ihrem Motto, mit einer humorvollen Grundhaltung, die den Widrigkeiten des Lebens immer wieder ins Gesicht lacht, durch den Alltag zu gehen. Fröhliche Menschen sind selbstbewusster und blicken mit Optimismus in die Zukunft. Das sind Gründe genug, um öfter mal das Zwerchfell zu strapazieren. Denken Sie daran: Bei jedem noch so dummen Witz, über den Sie lachen müssen, werden Selbstheilungskräfte frei. Apropos: Wie oft haben Sie denn heute schon gelacht?

Selbstachtung

Glauben Sie nicht auch, sich selbst am besten zu kennen? Genau zu wissen, warum Sie dies oder jenes tun oder denken? Dabei sind viele Dinge, die uns wesentlich prägen und unser Leben beeinflussen, uns oft kaum oder gar nicht bewusst.

Erinnern Sie sich zum Beispiel an so wohlbekannte Sätze aus Ihrer Kindheit wie »Ausgerechnet du musst so etwas sagen« oder »Was sollen da die anderen von dir denken«? Was Eltern oder Freunde früher schnell mal so dahergesagt haben, kann noch im späteren Leben Ihre Selbstachtung und Ihr Selbstwertgefühl schwächen. Viele solcher Sätze spuken uns unbewusst noch immer jeden Tag im Kopf herum.

Setzen Sie deshalb drei knappe Aussagen dagegen, die Ihre Selbstachtung stärken: »Ich bin wertvoll. Ich vertraue mir. Ich kann Nein sagen.« Denn was ist Selbstachtung anderes, als der gute oder schlechte Ruf, den Sie bei sich selbst haben? Der entscheidend ist für Ihr Vertrauen in sich, dem Leben gewachsen zu sein und seine Anforderungen erfüllen zu können. Als Kleinkind waren Sie selbst der Mittelpunkt Ihres Universums. Ein wenig von dieser frühkindlichen Sicherheit sollten Sie sich für das gesamte Leben bewahren, denn Menschen, die sich selbst mögen, strahlen dies auch aus.

»Der Weise weiß, aber nicht, um zu glänzen. Selbstachtung hat er, doch nicht Arroganz«, ist vom chinesischen Philosophen Laotse zu lesen. Derjenige, der sich selbst achtet, verfügt über eine bewusste und natürliche Wertschätzung seiner Fähigkeiten und

Werte. Wenn Sie sich selbst toll finden, sich lieben, sich hätscheln und pflegen, dann stärken Sie Ihr Ego und können der Welt selbstbewusster gegenübertreten.

Doch was können Sie jetzt mit dieser Information anfangen? Müssen Sie dauernd vor dem Spiegel stehen und sagen »Ich bin toll«? Auch wenn es übertrieben klingt – es wäre nicht das Schlechteste. Sich ein besseres Selbstwertgefühl zu suggerieren, kann durchaus ein positiver Anfang sein. Wenn Sie sich selbst gegenüber so handeln, wie Sie jeder anderen Person gegenüber handeln würden, die Sie mögen, kann es Ihnen gelingen, innerhalb weniger Wochen Ihre Selbstachtung fühlbar zu steigern. Praktizieren Sie aktiv und bewusst Selbstlob und -verzeihung. Klopfen Sie sich anerkennend auf die Schulter für alles, was Ihnen gelingt. Für Erfolge außer der Reihe gönnen Sie sich eine kleine Extrabelohnung. Sollte etwas misslingen, dann verzeihen Sie sich. Beschließen Sie einfach, großzügig darüber hinwegzusehen, um es beim nächsten Mal besser zu machen.

Wenn Sie lernen, begeistert von sich zu sein, stecken Sie andere mit diesem Gefühl an.

Auch wenn einige Personen ein Problem damit haben werden, stehen Sie darüber: Wer sich selbst liebt, nimmt Kritik als sichtbare Zeichen seines Erfolges und lässt sich dadurch nicht verunsichern.

Alleinsein

Sehr oft sind wir im Alltag von anderen Menschen umgeben. Wir reden, lachen, beschäftigen uns mit ihren Wünschen, Erwartungen oder Angeboten und erleben wechselnde Gefühle wie Freude, Ärger, Anspannung oder Erleichterung. Wenn wir gemeinsam mit anderen etwas unternehmen, denken wir weniger über uns selbst nach. Sind wir hingegen allein, so ist das eine neutrale Situation, die es möglich macht, sich ganz auf die eigene Person zu konzentrieren.

Nutzen Sie Ihr Alleinsein dazu, neue Kräfte und Inspirationen zu sammeln und Ihr wahres Selbst zu finden.

Obwohl für viele Menschen allein zu sein als Makel gilt, kann es durchaus eine Möglichkeit sein, die wir bewusst wählen, um zu uns selbst zu finden und Abstand von anderen zu gewinnen. Ziehen Sie sich von Zeit zu Zeit aus Partnerschaft oder Familie zurück und nehmen Sie sich einige ungestörte Stunden ganz für sich allein.

Sich selbst näherkommen

»Allein musst du entfalten deine Schwingen, allein nach deinem Ideale jagen, allein dich auf die See des Lebens wagen, allein nach deinem Himmel ringen«, so der deutsche Lyriker Georg Herwegh.

Allein heißt nicht unbedingt einsam, es beschreibt vielmehr den wunderbaren Zustand des Für-sich-Seins. Da die einzige Person, mit der Sie ständig in Kontakt stehen werden, Sie selbst sind, sollten Sie lernen, mit sich glücklich zu werden. Alleinsein kann etwas wirklich Wohltuendes und Heilsames haben. Einmal nur für sich selbst, können Sie ohne Beeinflussung von außen richtig zur Ruhe kommen. Achten Sie doch einmal ganz bewusst darauf, was Sie tun, wenn Sie allein sind. Machen Sie dann Dinge, die Sie sich im Beisammensein mit anderen verbieten? Alleinsein ermöglicht Ihnen vieles:

- Sie können sich einfach so verhalten und benehmen, wie Sie möchten, ohne Rücksicht zu nehmen oder Angst zu haben, was jemand anders darüber denken könnte.

- Sie können sich Ihrer Gedanken bewusst werden und in Ruhe über sich, Ihr Leben und Ihre Ziele nachdenken, ohne Einflüsse von außen.
- Sie können entspannen und Ihren eigenen Rhythmus finden.
- Sie können die Erfahrung machen, dass Sie in der Lage sind, viele Dinge allein zu bewältigen.
- Sie können, ohne Hilfe in Anspruch zu nehmen, selbst anpacken und größere Erlebnisse oder Projekte allein bewältigen – das wird Ihr Selbstvertrauen enorm stärken.

Organisieren Sie Ihre Auszeit

Wenn Ihre Seele urlaubsreif ist oder Sie Freiraum fürs Selbstvertrauen brauchen, dann könnte die Abgeschiedenheit eines sogenannten »Retreats« (englisch »zurücktreten, zurückziehen«) genau das Richtige für Sie sein. Ein Retreat ist der ganz bewusste Rückzug aus dem Alltag, aus der gewohnten Umgebung und eine geplante Ruhepause, damit der Geist entspannen kann. Das Alleinsein wird zu einer Möglichkeit der Selbsterfahrung und manchmal auch ein spirituelles Erlebnis. Diese Idee ist nicht neu: Immer und überall haben Menschen sich aus der »normalen« Welt zurückgezogen. Oft waren dies Heilige oder Weise, die über den Sinn des Lebens oder andere Fragen nachdenken wollten. Von diesen Vorbildern können Sie lernen, die heilsame Qualität des bewussten Alleinseins zu genießen. Achten Sie während der Auszeit auf Ihre Träume, denn diese können in solchen Phasen intensiv und wegweisend sein. Auch Ihre Gedanken über sich selbst und Ihr Leben können ihre Richtung ändern, sodass vielleicht etwas völlig Neues entsteht.

Sie können in aller Ruhe auf Ihr Innerstes hören, das gibt wahre Sicherheit und Vertrauen.

Wie können Sie Ihre persönliche Auszeit praktisch angehen? Ein »Bitte-nicht-stören-Schild« an der Tür kann der erste Schritt sein.

Oder Sie verreisen einmal allein übers Wochenende und lassen sich ganz von Ihren Bedürfnissen und Einfällen treiben. Ebenso können Sie die geschützte Atmosphäre eines Klosters nutzen, um zur Ruhe zu kommen, um Abstand zu gewinnen und tief durchzuatmen.

Dinge, die Sie tun können

Sind Sie mit sich selbst allein, so sind Sie der einzige Mensch, der Ihnen Ziele setzen und Aufgaben geben oder Freude und neue Abenteuer bieten kann. Also, legen Sie los! Sie können praktisch tätig sein, ohne nach den Erfolgen Ihres Tuns zu schauen: Kochen Sie sich etwas Schönes. Decken Sie Ihren Tisch, wie Sie es sonst nie machen. Gehen Sie spazieren und beobachten Sie aufmerksam Ihre Umgebung. Lassen Sie alles, was Ihnen begegnet, auf Ihre Sinne einwirken: Blumenduft, Vogelgesang oder Schaufensterdekorationen. Es geht nicht um bloßen Zeitvertreib. Tun Sie das, was in Ihrem Alltag anfällt, mit bewusster Freude und Konzentration. Seien Sie aktiv und öffnen Sie sich: Führen Sie Tagebuch oder schreiben Sie einen Brief an sich selbst, malen oder modellieren Sie nach Lust und Laune. Ebenso könnten Sie ein Resümee der Vergangenheit ziehen und darüber nachdenken, welche Vorhaben und Ziele Sie für die Zukunft haben. Besonders angenehm

sind Wohlfühlmaßnahmen wie Bäder oder Massagen, mit denen Sie sich verwöhnen und es sich einfach nur gut gehen lassen. Und wenn Sie auf all diese Dinge keine Lust haben, tun Sie eben gar nichts, außer Körper und Seele baumeln zu lassen. Sie können völlig frei entscheiden, was Ihnen guttut.

Lob der Faulheit

Über Jahrhunderte hinweg galt die Faulheit u. a. neben Geiz, Stolz und Völlerei als eine der sieben Todsünden. Träge Menschen seien besonders gefährdet, melancholisch und schwermütig zu werden, so die damalige Meinung. Diese Tage des Schuftens, ohne zu genießen, sind gottlob vorbei. Oder doch nicht? Wenn Sie sich mit einer Tasse Kaffee hinsetzen, sehen Sie dann auch, dass dahinten noch Staub liegt? Dass die Blumen eigentlich gegossen werden müssten und in der Küche noch Geschirr aufgeräumt werden sollte? Müssten Sie die Zeit nicht nutzen, um noch mehr für die Karriere, die Kinder oder Ihre Freunde da zu sein? Selbst wenn Sie mal ein paar Stunden frei haben, meldet sich das schlechte Gewissen. Viele Menschen sind so darum bemüht, zu Hause und im Leben für Übersichtlichkeit und Ordnung zu sorgen, dass darüber das noch stärker pflegebedürftige eigene Ich aus dem Blick gerät. Erst wenn der Körper die Notbremse zieht, gönnt man sich eine Pause, und dann ist es eigentlich schon zu spät. »Dadurch, dass man nicht ausgeht, kommt man hinaus, dadurch, dass man nichts macht, macht sich alles«, erkannte Lü Bu We, ein chinesischer Kaufmann, Politiker und Philosoph aus dem 3. Jahrhundert v. Chr. Deshalb: Legen Sie sich ruhig einmal voller Selbstbewusstsein auf die faule Haut! Sie haben es sich verdient.

Ihr persönlicher Zeittakt

Sie kennen die Seminare, in denen selbst ernannte Zeitmanager uns erklären, wie wir in immer kürzeren Zeiträumen immer mehr Aufgaben bewältigen können. Dabei kommen Mediziner verstärkt zu der Erkenntnis, dass die ewige Hetze von einem Termin zum nächsten, die allgemeine Beschleunigung unserer modernen Lebens- und Arbeitswelt eine gesundheitsschädigende bis lebensverkürzende Wirkung haben kann.

Sollten daher nicht vor allem die Rhythmen und Zyklen des eigenen Körpers das (Zeit-)Maß unserer Dinge sein und den natürlichen Zeitrahmen unserer Aktivität und Erholung vorgeben? Wer Zeit hat, verzichtet bewusst auf viele Unterhaltungs-, Informations- und

Erlebnisangebote und investiert sie dort, wo sie Gewinn in Form von Befriedigung, Kreativität oder Entspannung bringen. Liegt also das Geheimnis des richtigen Umgangs mit der Zeit im Verzicht darauf, sie managen zu wollen?

Wer faul ist, weiß ökonomisch mit seinen Lebensenergien umzugehen und pflegt einen bewussten Lebensstil.

Mindestens zwanzig Minuten Rückzugszeit täglich sollten für jeden machbar sein. Ein Mittagsschlaf, ein Aufenthalt im Café, um dort in Ruhe Zeitung zu lesen und die Menschen zu beobachten, oder mal wieder langsam durch die Stadt schlendern statt zu hetzen … Vertrauen Sie auf Ihren Instinkt, er weiß, was Ihnen in bestimmten Momenten guttut.

Eine Anleitung zum Nichtstun

Das Nichtstun ertragen zu lernen, ist eine der schwersten Übungen für aktive Menschen. Einfach die Beine ausstrecken und guten Gewissens einen Tag lang gar nichts tun. Schon der Gedanke daran macht viele nervös. Dabei tut Faulenzen Körper und Seele so gut. Ein Charakteristikum unserer Zeit ist, dass sie uns ständig mit neuen Reizen überflutet, mit ständig neuen Angeboten ablenkt und uns buchstäblich zerstreut. Unsere Gedanken driften ab, der Körper zeigt alle Anzeichen innerer Unruhe und wir sind schnell gelangweilt. Deshalb will das Nichtstun, das Umschalten auf gelöste Entspannung nach anstrengender Tätigkeit gelernt sein. Wenn Sie es nicht gewöhnt sind, ab und an aus Ihrer Tretmühle auszusteigen, werden Sie bei Ihrem ersten Versuch, nichts zu tun, eine verblüffende Entdeckung machen: Der Körper will nicht ruhig liegen bleiben. Unruhe breitet sich aus. Die Hände wollen etwas tun, die Füße sich bewegen. Auch auf der Liege stellt Ihr Kopf sein Grübeln nicht ein. Habe ich nicht etwas Wichtiges vergessen? Wenn es Ihnen auch schwerfällt, auf Entspannung umzuschalten, können Sie die Fähigkeit zum Nichtstun mit diesen einfachen Tricks trainieren.

- Üben Sie Zurückhaltung und lehnen Sie alle Zusatzaufgaben ab, die Sie an den Rand Ihrer Leistungsfähigkeit treiben – auch wenn diese vermeintlich dem guten Eindruck und Ihrer Unentbehrlichkeit dienen. Machen Sie den Selbstversuch und beschränken Sie Ihre Aktivitäten probeweise für einen Monat auf das Minimum. Erledigen Sie nur, was Job und Privatleben unbedingt erfordern. Freuen Sie sich darauf, wie viel freie Zeit auf einmal Ihnen gehört.
- Schalten Sie einen Gang herunter. Nehmen Sie sich vor, von nun an keine Hektik mehr zu verbreiten und sich von fremder Hektik auch nicht anstecken zu lassen. Wenn Sie spüren, dass Ihr Tempo

wieder zunimmt, bremsen Sie im selben Maße Ihre Bewegungen, Ihre Schritte, Ihre Gesten und Gedanken. Machen Sie in den nächsten fünf Minuten alles mit halber Geschwindigkeit. Sie werden spüren, wie Herz und Atem sich beruhigen und die Anspannung abfließt.

- Pflegen Sie Entspannungsrituale. In früheren Zeiten und in anderen Kulturkreisen waren und sind Rituale von existenzieller Bedeutung: zum Beispiel zur Heilung oder Besänftigung von Naturgewalten. Selbst kleine Rituale bieten Ihnen die Möglichkeit, sich Inseln der Erholung und Freude zu schaffen. Bauen Sie ein Entspannungsritual in Ihren Alltag ein, das Sie alle zwei Stunden durchführen, zum Beispiel ein paar Schritte laufen oder am offenen Fenster tief einatmen.
- Befreien Sie sich von seelischem Ballast. Ob Konflikte mit dem Partner, Schulsorgen der Kinder oder Ungewissheit über die berufliche Zukunft: Meistens gelingt uns das Ausruhen nicht, weil unser Gehirn nicht abschaltet. Es ist selbst in der Hängematte noch mit ungelösten Aufgaben und Problemen befasst. Nach spätestens fünf Minuten Ruhen fällt ihm eine wichtige Sache ein, die unbedingt noch schnell erledigt werden sollte. Da heißt es, Ordnung schaffen. Welche Probleme sind ungelöst? Welche Alternativen

habe ich? Wen könnte ich um Rat fragen? Treffen Sie Entscheidungen, um die Probleme zu lösen, damit befreien Sie Ihre Seele und finden Ihre innere Ruhe wieder. Eine Entscheidung stellt sich als falsch heraus? Na und – dann korrigieren Sie sie eben.

- Machen Sie die Probe aufs Exempel mit Ihrem persönlichen Tag der Faulheit. 24 Stunden, in denen Sie keine einzige Pflicht erledigen. Leben Sie nur Ihren eigenen Rhythmus. Lassen Sie sich treiben. Versenken Sie sich in den Augenblick.

Ihre starke innere Stimme

Am Anfang dieses Buches (siehe Seite 7) fanden Sie den Satz: »Selbstachtung durchzieht Körper, Geist und Seele.« Dieses Vertrauen in die eigenen Kräfte gilt auch für Ihre innere Stimme, Ihre Intuition. Jeder kennt sie, aber keiner kann sie so recht beschreiben: Der Duden erklärt die Intuition als »nicht auf Reflexion beruhende[s] Erkennen, Erfassen eines Sachverhalts oder eines komplizierten Vorgangs«. Für den amerikanischen Philosoph und Dichter Ralph Waldo Emerson war sie die »ursprüngliche Weisheit«, demgegenüber alles spätere Wissen angelernt sei. Albert Einstein soll es so formuliert haben: Intuition sei tatsächlich »alles, was zählt«.

Ihr intuitives Denken

Kennen Sie das? Sie hatten bei einer schwierigen Entscheidung ein flaues Gefühl im Magen, taten aber letztlich doch, was die Vernunft Ihnen riet, und fielen prompt auf die Nase?

Die Intuition ist für unseren Verstand wie ein unbewusster Berater: schnell, immer zur Stelle und kompetent. Damit entscheiden wir gefühlsmäßig, welcher Weg uns gerade als der einzig richtige erscheint. Wer intuitiv sein will, darf sich zudem keine Gelegenheit geben, über sein Handeln nachzudenken. Die Intuition wirkt sehr spontan. Je mehr Zeit Sie zum Nachdenken haben, desto leiser wird die innere Stimme. Der Verstand schaltet sich ein und überlagert sie. Obwohl jeder Mensch eine innere Stimme besitzt, kann nicht jeder damit auch umgehen. Verzichten Sie deswegen nicht auf diese wichtige Entscheidungshilfe. Intuition ist eine Sache der Übung, und selbst wenn im ersten Versuch Ihr gewohntes logisches Denken unaufhörlich dazwischenfunkt, können Sie dennoch lernen, auf Ihre innere Stimme zu hören:

Die innere Stimme lässt uns selten im Stich.

- Suchen Sie sich ein ruhiges Plätzchen, an dem Sie ungestört sind. Konzentrieren Sie sich auf die Angelegenheit, für die Sie Ihren intuitiven Rat benötigen. Die vernünftigen »Das-mache-ich-immerso-Lösungen« von gestern sollten Sie erst einmal allesamt beiseite lassen. Stellen Sie sich Ihr Anliegen bildhaft vor und betrachten Sie es. Schließen Sie dann die Augen und bleiben Sie zwanzig Minuten in dieser Position.

- Lassen Sie nun Ihre Fantasie spielen und akzeptieren Sie alles, was Ihnen in den Sinn kommt und mit Ihrem inneren Bild in Zusammenhang steht.
- Ungewöhnliche Assoziationen, auch wenn Sie auf den ersten Blick absonderlich erscheinen, sind besonders wichtig. Aus ihnen lassen sich häufig neue Denkansätze und Lösungen ableiten. Notieren Sie jede einzelne.

Die persönliche Inventur

Haben Sie sich auch einen Lebensplan im Laufe Ihres Daseins zurechtgelegt? Zählen Sie zu den Menschen, die mit »Das-sollte-ich-bis-dahin-erreicht-haben-Listen« ihr Leben strukturieren? Oder ändern sich Ihre Listen ständig, da sie nur in Ihrem Kopf existieren? Einmal im Jahr wird die Heizung überprüft, auch das Auto kommt regelmäßig zum Kundendienst, die jährliche Inventur von Betrieben ist Routine. Und wie sieht es mit einer Bestandsaufnahme Ihrer eigenen Ressourcen aus? Eine Inventur der Befindlichkeit und die

Überprüfung der eigenen Lebenssituation, bei der über sich und das bisherige Leben nachgedacht wird, kommt leider bei vielen Menschen zu kurz.

Wenn auch Sie eine ständige innere Unzufriedenheit spüren oder oftmals von Langeweile, Lustlosigkeit und Antriebslosigkeit gequält werden, ist es wahrscheinlich höchste Zeit, bisherige Ziele und Wünsche zu hinterfragen und sich im Leben neu zu orientieren. Haben Sie keine Angst vor der Zukunft, vor Veränderungen und neuen Herausforderungen, denn Sie können auf sich und Ihr Potenzial vertrauen. Sie sind stark genug, die Verantwortung für das eigene Leben zu übernehmen, Ihren eigenen Weg zu finden und ihn auch zu gehen. Wenn Sie sich an Ihre persönliche Inventur machen, sollten Sie Folgendes im Hinterkopf behalten: Es geht darum, die Gesamtheit all Ihrer verfügbaren Mittel und Energien zu entdecken, sich Ihrer persönlichen Präferenzen bewusst zu werden, sich selbst zu erkennen und sich anzunehmen, wie Sie sind. Schließen Sie an einem ruhigen Platz die Augen und hören Sie in sich hinein, insbesondere in den Bauch- und Brustraum: Welche Ziele habe ich mir gesetzt? Wie habe ich sie geplant und erreicht? Habe ich meine Fähigkeiten, Fertigkeiten und Begabungen optimal eingesetzt? Wo und wann? Habe ich mich selbst richtig eingeschätzt

und beurteilt? Wie habe ich Probleme bewältigt? Konnte ich mich selbst motivieren? Habe ich meine Aufgaben erledigt? War ich mit meiner Zeitplanung zufrieden? Konnte ich mit meiner Energie gut haushalten?

Achten Sie genau darauf, welche Empfindungen sich einstellen und welche Antworten auftauchen. Führen Sie einen inneren Dialog mit Ihrem Körper, indem Sie so genau wie möglich in Worte fassen, was er Ihnen mitteilt. Ihre Beschreibung wird ungenau sein, aber lassen Sie sich nicht entmutigen. Halten Sie regelmäßig Zwiesprache mit sich selbst, denn nur wer weiß, was ihm wirklich wichtig ist, kann seine Wünsche konkret umsetzen und sein Umfeld danach gestalten. Und dies sind entscheidende Punkte, um sich selbsbewusst zu fühlen und dies auch ausstrahlen zu können .

Zwei Dinge verleihen der Seele am meisten Kraft:
Vertrauen auf die Wahrheit und Vertrauen auf sich selbst.

Lucius Annaeus Seneca

Zum Schluss

Wären Sie noch immer gern schöner, klüger, reicher, disziplinierter oder leidenschaftlicher? Oder können Sie selbstbewusst sagen: »Jetzt bin ich zufrieden.« Ich hoffe, die Inspirationen in diesem Buch

haben Sie dazu angeregt, Ihre Beziehung zu sich selbst auf den stabilen Boden des Selbstvertrauens zu stellen. Denn egal, ob Sie es Selbstvertrauen, Selbstachtung, Selbstwertgefühl oder Selbstbewusstsein nennen, all diese Aspekte haben ihre Wurzeln letzten Endes darin, dass Sie sich selbst annehmen und zu sich stehen können, und zwar mit allen Stärken und Schwächen, die Sie als Person ausmachen.

Nicht der Wind, sondern die Segel bestimmen den Kurs. Und die Segel auf Ihrem Lebensboot hier und heute setzen nur Sie selbst. Sie sind Ihre Erfahrungen und Wünsche, Ihre Ziele und Werte, Ihre Möglichkeiten und Ihre Entwicklung. »Sich selbst zu überraschen«, so Oscar Wilde, »ist, was das Leben lebenswert macht.« Freuen Sie sich darauf!